A MÁQUINA DO ÓDIO

PATRÍCIA CAMPOS MELLO

A MÁQUINA DO ÓDIO

NOTAS DE UMA REPÓRTER SOBRE FAKE NEWS E VIOLÊNCIA DIGITAL

COMPANHIA DAS LETRAS

Copyright © 2020 by Patrícia Campos Mello

Grafia atualizada segundo o Acordo Ortográfico da Língua Portuguesa de 1990, que entrou em vigor no Brasil em 2009.

Capa e projeto gráfico
Alceu Chiesorin Nunes

Preparação
Maria Emilia Bender

Revisão
Isabel Cury
Valquíria Della Pozza

Índice remissivo
Luciano Marchiori

Dados Internacionais de Catalogação na Publicação (CIP)
(Câmara Brasileira do Livro, SP, Brasil)

Mello, Patrícia Campos
A máquina do ódio : notas de uma repórter sobre fake news e violência digital / Patrícia Campos Mello. — 1ª ed. — São Paulo : Companhia das Letras, 2020.

ISBN 978-85-359-3362-8

1. Comunicação de massa – Censura 2. Jornalismo – Aspectos políticos 3. Jornalismo – Brasil 4. Notícias falsas 5. Política – Brasil 6. Violência I. Título.

20-38097 CDD-070.449320981

Índice para catálogo sistemático:
1. Brasil : Jornalismo e política   070.449320981

Cibele Maria Dias – Bibliotecária – CRB-8/9427

5ª reimpressão

Todos os direitos desta edição reservados à
EDITORA SCHWARCZ S.A.
Rua Bandeira Paulista, 702, cj. 32
04532-002 — São Paulo — SP
Telefone: (11) 3707-3500
www.companhiadasletras.com.br
www.blogdacompanhia.com.br
facebook.com/companhiadasletras
instagram.com/companhiadasletras
twitter.com/cialetras

Para meus amores: meu filho, Manuel (Tugo), minha mãe, Regina, e meu pai, Hélio

SUMÁRIO

INTRODUÇÃO:
COMO AS REDES SOCIAIS ME TRANSFORMARAM EM UMA "JORNALISTINHA" COMUNISTA.................. 9

1. **A ELEIÇÃO DO WHATSAPP NO BRASIL**................ 21

2. **ASSASSINATO DE REPUTAÇÕES, UMA NOVA FORMA DE CENSURA**...................... 75

3. **FATOS ALTERNATIVOS E A ASCENSÃO DE POPULISTAS NO MUNDO**............................ 123

4. **BOLSONARO E O MANUAL DE VIKTOR ORBÁN PARA ACABAR COM A MÍDIA CRÍTICA**................ 167

CONCLUSÃO:
SERÁ QUE UMA PANDEMIA PODE SALVAR O JORNALISMO?........................ 229

EPÍLOGO.. 249

AGRADECIMENTOS.. 251
NOTAS... 253
ÍNDICE REMISSIVO... 277
SOBRE A AUTORA... 293

INTRODUÇÃO

COMO AS REDES SOCIAIS ME TRANSFORMARAM EM UMA "JORNALISTINHA" COMUNISTA

Num dia de fevereiro de 2019, o Manuel entrou no meu quarto e falou:

— Mamãe, tem um vídeo na internet de um cara te xingando. Posso assistir com você?

Meu filho tinha acabado de completar sete anos. Eu havia deixado que ele criasse um canal no YouTube para gravar vídeos enquanto jogasse video game. Era privado, ninguém podia acessar. Mas para entrar era preciso escrever meu nome — e a primeira coisa que aparecia no Google quando ele digitava Patrícia Campos Mello era o tal vídeo, com uma foto minha ao lado de uma outra do então candidato a deputado federal Alexandre Frota, e a legenda: VAGABUNDA SEM VERGONHA.

Assistimos juntos ao filme de oito minutos. Desclassificada, sem-vergonha, mentirosa, petista — esses eram alguns dos termos que Frota usava para me descrever, mostrando fotos minhas. Tentei explicar.

— Fiz umas reportagens no ano passado, tem gente que gostou, tem gente que não gostou. Esse cara aí do vídeo não gostou, por isso está xingando a mamãe.

O Manuel não sossegou.

— Mas, mãe, ele está te chamando de sem-vergonha. Isso é muito grave.

Pensei, pensei, e a única coisa que me veio à cabeça foi uma justificativa bem pueril.

— Filho, esse cara aí fazia filme pelado. A mamãe nunca fez filme pelada. Quem você acha que é sem-vergonha?

Cheguei a achar a história divertida, até me ocorrer que qualquer um que buscasse meu nome no Google ia se deparar, logo de cara, com aquele vídeo.

Desde 18 de outubro de 2018 vivo num mundo bizarro. Naquela quinta-feira, publiquei na *Folha de S.Paulo*, jornal onde trabalho há nove anos, uma reportagem sobre o disparo em massa de mensagens por WhatsApp contra Fernando Haddad, na ocasião candidato do PT à Presidência. Faltavam dez dias para o segundo turno da eleição, marcado para 28 de outubro. A matéria trazia à baila a existência de empresários que planejavam contratar agências de marketing para enviar milhões de mensagens e influenciar o resultado.

O esquema feria a legislação eleitoral brasileira em diversos aspectos. Conforme a lei nº 13.488/2017, é proibido contratar pessoas ou mecanismos para mandar pela internet mensagens ou comentários que ofendam a honra ou prejudiquem a imagem de um candidato ou partido. O mais grave, no entanto, era que poderia configurar caixa dois indireto. Como o Supremo Tribunal Federal (STF) havia entendido em 2015 que só pessoas físicas poderiam contribuir para campanhas, as doações de empresas foram vetadas desde então. E todas precisam ser declaradas ao Tribunal Superior Eleitoral (TSE) e constar da prestação de contas dos candidatos.

A notícia caiu como uma bomba e foi usada politicamente pelos dois lados. Com base na matéria, o PT e outros adversários de Jair Bolsonaro pressionaram pela impugnação de sua candidatura. Já os apoiadores do ex-capitão do Exército — que afirmara que as eleições haviam sido fraudadas e que ele tinha vencido já no primeiro turno — espalharam que a matéria era falsa e que a *Folha* apoiava o candidato do PT.

Mas a coisa não parou por aí.

A reportagem foi publicada no site do jornal às duas horas da manhã do dia 18 de outubro. Pouco depois, comecei a sofrer um processo de desconstrução nas redes sociais.

Encontraram uma entrevista que eu havia dado a estudantes da PUC em 2013. Nela, alguém me perguntava sobre meu posicionamento político. E eu, erro supremo, respondia: "Eu sou uma pessoa de esquerda, sempre votei no PT, mas isso não interfere na minha cobertura jornalística, todos os jornalistas votam em alguém, mas nossa obrigação é separar isso e não imprimir viés à cobertura".

Jornalistas que cobrem política devem obedecer a uma regra de ouro não escrita: jamais revelar o voto. É óbvio que todos nós votamos em alguém, e isso não faz com que assumamos determinado posicionamento político em tudo o que escrevemos. Mas escancarar o voto pode alterar a percepção que se tem sobre o que publicamos e nos deixa sujeitos justamente a esse tipo de ataque — de que seguimos esta ou aquela orientação.

Naquele longínquo ano de 2013 eu não escrevia sobre política nacional. Mesmo assim, não deveria ter dado a declaração, é claro. O erro estava feito.

O vídeo foi editado, nem é preciso dizer, e o clipe de cinco segundos, com a frase "Eu sou uma pessoa de esquerda, sempre votei no PT", viralizou. Em poucos minutos eu tinha virado "putinha do PT", "vagabunda comunista", "jornalistinha comunista" e daí para baixo. Houve uma proliferação de memes com meu rosto e as legendas — MENTIROSA, JORNALISTA PETISTA etc.

Bots, robôs que postam mensagens automatizadas no Twitter e no Facebook, rapidamente sequestraram a narrativa e alçaram as hashtags #CadêAsProvas e #MarqueteirosDoJair aos trending topics, os temas mais falados nas redes. Começou a circular a foto de uma loira ao lado do Fernando Haddad em campanha, com a legenda: "Gente, preste atenção, não é fake news — isto que está acontecendo é sério e realidade o que esta máfia organizada estão (sic) fazendo para continuar no poder... compartilhe, compartilhe, compartilhe — esta é a jornalista Patrícia Campos Mello, que fez matéria contra Bolsonaro na *Folha*".

Não era eu. A mulher da foto não tinha nenhuma semelhança comigo.

Recebi milhares de mensagens ofensivas no Facebook, no Twitter e no Instagram. Fechei todas as minhas redes sociais. Em uma delas, o Facebook, um fulano afirmava: "Se você quer a segurança do seu filho, saia do país. Não é uma ameaça, é um aviso". Manuel tinha seis anos.

Hackearam meu celular. Textos a favor de Bolsonaro foram disparados a partir da minha conta no WhatsApp. Várias mensagens sumiram (por sorte eu tinha backup de tudo o que importava para a matéria).

Em e-mails, eleitores de Bolsonaro passaram a ser convocados a aparecer em eventos de que eu participaria. As mensagens traziam data, horário e endereço e diziam: "A jornalista petista vai. Vão lá".

Tive que cancelar tudo por um mês.

Uma vizinha, moradora do prédio ao lado do meu, no mesmo conjunto, abria a janela e gritava, quando eu estava na portaria: "Chupa, petista! Aêêê Bolsonaro!".

Ligaram no meu celular: "Sua vagabunda petista mentirosa. Vou na sua casa destruir sua cara".

O jornal resolveu me arrumar um guarda-costas — na verdade, era mais um motorista, para eu não ficar andando sozinha, sujeita a receber uma garrafada na cabeça atirada por algum maluco.

Cobri o conflito na Líbia em Sirte, no front contra o Estado Islâmico. Fiz coberturas da guerra na Síria, no Iraque e no Afeganistão. Nunca tive guarda-costas. Estava em São Paulo, e precisava de segurança.

Ao mesmo tempo, recebi flores e mensagens de apoio de desconhecidos. "Você é um orgulho para nós, continue na luta", escreveu um grupo de mulheres. Circulavam postagens dizendo #SomosTodasPatriciaCamposMello, muita gente prestou solidariedade.

Em alguns dias, deixei de ser conhecida só no meu meio, por reportagens internacionais de guerra, refugiados e ebola, e passei a ser uma pessoa odiada e xingada. Por outro lado, me vi alçada a símbolo da luta pela liberdade de expressão e pelos direitos das mulheres.

E a única coisa que eu tinha feito era uma matéria.

Aquela dinâmica se transformou em padrão — toda vez que eu publicava alguma reportagem incômoda, destampava-se a panela do ódio.

Jair Bolsonaro foi eleito em 28 de outubro de 2018.

No dia 14 de dezembro daquele ano, peguei um avião para cobrir uma conferência em Doha. Quando desembarquei no Qatar, dezesseis horas depois, descobri que tinha sido tanto condenada como premiada. Fora vítima de duas fake news.

A primeira "notícia" dizia que eu havia sido condenada a pagar uma indenização de 200 mil reais ao presidente Jair Bolsonaro, depois de o ministro do STF Luís Roberto Barroso ter concluído que minha reportagem sobre disparos de WhatsApp na eleição não teria se baseado em provas. A "informação" trazia uma foto minha ao lado de outra de Bolsonaro, e fora postada num perfil supostamente oficial do STF — era do STF "oficialanal". É óbvio que ninguém prestou atenção nem percebeu o trocadilho infame. Passei a ser bombardeada com mensagens e xingamentos pelo Twitter e pelo Facebook. O irmão de uma amiga, eleitor do ex-capitão, ligou para ela, exultante, mal contendo a *Schadenfreude*, o prazer com a minha desgraça: "E aí, de onde é que ela vai tirar esses 200 mil reais, hein?".

Na outra notícia falsa, eu havia sido eleita a "Brasileira do Ano" da *Folha de S.Paulo*, por ser "Guardiã da Verdade". A "notícia" fora divulgada num dos muitos perfis falsos paródicos da colunista Mônica Bergamo no Twitter. Tratava-se de uma alfinetada, porque naquela mesma semana a revista *Time* havia escolhido alguns jornalistas como "Pessoas do Ano", dizendo que eram guardiões da verdade em um mundo onde fake news e manipulação de narrativas imperavam. Além dos profissionais que receberam o título, a reportagem citava de passagem alguns outros que vinham sendo ameaçados por escrever matérias críticas a seus governos, e eu era um deles.

Era nitidamente um absurdo o jornal nomear personalidade do ano uma pessoa da casa, sem contar que não existe tal honraria. Mas estava lá o meu rosto, o logotipo da *Folha*, enfim, parecia real. E muita gente bem-intencionada e bem informada retuitou, dando munição para blogueiros bolsonaristas, que caíram matando em cima da "imprensa tradicional".

Um sujeito que passa a vida no Twitter elogiando o governo e ofendendo metade dos jornalistas e políticos retuitou a fake news da condecoração dizendo:

"O autocentrismo da imprensa brasileira é tamanho que, na ânsia de bajular uma colega de ideologia, Miriam Leitão acredita numa postagem fake ('Monica Bengamo'), não vendo nada de estranho no título 'Guardiã da Verdade' conferido à pretensa agraciada. Mais um vexame!". Não passou muito tempo, e o presidente eleito, que naquela época já tinha mais de 1 milhão de seguidores, replicou a postagem.

Resultado: quando pisei no saguão do aeroporto, meu celular piscava centenas de ofensas e cumprimentos no WhatsApp, no Twitter, no Facebook. E eu não tinha levantado um dedo.

Ou tinha? Coincidentemente, naquela semana, em parceria com o repórter Artur Rodrigues, eu havia escrito duas reportagens sobre o papel das mídias sociais nas eleições. Numa delas, mostramos como CPFs e chips de celular eram fraudados para efetuar disparos em massa de mensagens políticas por WhatsApp durante a eleição. Na outra, como, mesmo passado o segundo turno, continuavam muito ativos os *bots* e *trolls*, também chamados *sockpuppets*, perfis que são militantes, pagos ou não.

Lembrei da história de uma mulher que, prestes a embarcar para a África do Sul para visitar a família, tuitou: "*Going to Africa. Hope I don't get AIDS. Just kidding. I'm white!*" [Estou indo para a África. Espero não pegar Aids. Brincadeirinha, eu sou branca]. O voo durou onze horas. Foi o tempo de a mensagem viralizar e virar trending topic. Começaram a pulular agressões: "Espero que você seja despedida e que pegue aids". Memes com o rosto dela. E ela no voo, sem wi-fi. Detalhe: até aquele momento ela só tinha 170 seguidores no Twitter. Justine Sacco era chefe de relações públicas de uma empresa de mídia, acreditem se quiserem. E foi demitida — também pelo Twitter.

Ao contrário da executiva, eu não tinha feito um comentário racista nas redes ou uma piada de mau gosto, nem externara opinião ou cometera um textão. Eu havia escrito uma reportagem.

Ouvi várias fontes — muitas em off, de pessoas que não queriam se identificar, pois quem é que falaria em on sobre financiamento ilegal de campanha em plena campanha? Mas tinha comigo trocas de mensagens e depoimentos. Saíram várias outras reportagens, minhas e de outros repórteres, com fotos, áudios, declarações.

Mesmo depois que o WhatsApp admitiu que durante as eleições de 2018 a plataforma havia servido, de maneira ilegal, a envios em massa, a vontade de enterrar a história prevaleceu no Tribunal Superior Eleitoral. O TSE não ouviu os repórteres, os donos das agências nem o próprio WhatsApp no início da investigação.

Desde 2018, intensificaram-se os ataques contra a imprensa. Temos cada vez mais uma realidade paralela moldada pelas redes sociais. Com auxílio de *bots* e *trolls*, que insuflam vozes mais radicais das redes e contaminam o resto, é possível, num estalar de dedos, transformar uma reportagem em opinião paga pela esquerda, escrita por jornalistas "comunistas". E fazer da *Folha de S.Paulo* um "jornal financiado pelo pt". Logo a *Folha*, que revelou a existência do sítio de Atibaia de Lula, o mensalão, e causou a queda do então ministro Antonio Palocci por faturar milhões ilegalmente com uma consultoria.

Não somos os únicos. Nas Filipinas, na Índia ou nos Estados Unidos, políticos recorrem a exércitos de *trolls* e *bots* para construir narrativas que os favoreçam. É este o novo mundo em que vivemos: fatos são moldáveis.

Ainda assim, eu achava que nunca mais viveria algo tão avassalador quanto aquele primeiro linchamento virtual. Estava enganada. As coisas iam piorar, e muito.

1. A ELEIÇÃO DO WHATSAPP NO BRASIL*

Joseph Goebbels, ministro da Propaganda da Alemanha nazista, lançou o Volksempfänger em 1933, ano em que Adolf Hitler se tornou chanceler do país. A ideia, como diz o nome — em alemão significa "rádio do povo" —, era criar um rádio popular, vendido a um preço extremamente baixo, equivalente a 20% do valor de um aparelho comum.

Os rádios do povo tinham alcance limitado e as únicas estações que pegavam direito eram as alemãs — que funcionavam sob censura e transmitiam basicamente pronunciamentos do Führer, música clássica e folk alemã, além de notícias filtradas e propaganda enaltecendo o nazismo. À noite, às vezes era possível captar o sinal de emissoras estrangeiras, como a BBC, mas quem fosse pego ouvindo uma estação de país inimigo poderia ser preso.

Uma propaganda da época mostrava um dos comí-

---

* Em A *máquina do ódio* aproveito parcialmente algumas das reportagens que publiquei na *Folha de S.Paulo* desde 2014.

cios de Nuremberg, com uma multidão em volta de um rádio, e o slogan: "A Alemanha inteira ouve o Führer com o Volksempfänger". Entre 1933 e 1939, estima-se que tenham sido produzidos 7 milhões de Volksempfänger para uma população de cerca de 70 milhões. Segundo o historiador Eric Rentschler, em 1941, 65% dos lares na Alemanha tinham um Volksempfänger.

No Brasil de hoje, com 210 milhões de habitantes, há, segundo estimativa oficial de 2017, a única disponível, mais de 120 milhões de usuários de WhatsApp. Na realidade, a cifra deve estar mais próxima de 136 milhões, ou seja: mais de 60% dos brasileiros se servem do aplicativo de troca de mensagens. Segundo maior mercado do mundo para o WhatsApp, o Brasil só perde para a Índia, que tem 400 milhões de adeptos. Lá, porém, a população é de 1,3 bilhão — 29,28% dos indianos usam o aplicativo. Já o Facebook tem 120 milhões de usuários no Brasil — o quarto maior mercado da plataforma, perdendo apenas para Índia, Estados Unidos e Indonésia. Várias operadoras de telefonia oferecem o *zero rating*, sistema que permite acesso a Facebook, WhatsApp e Instagram sem que os acessos sejam descontados do pacote de dados, o que torna os aplicativos ainda mais populares no país.

Tradicionalmente, regimes autoritários tentam controlar o fluxo de informação. Durante a Guerra Fria, a União Soviética gastava milhões para interceptar o sinal da BBC World Service. Hoje a China bloqueia uma série de sites de redes sociais e permite apenas as versões locais do Facebook, do Twitter e do WhatsApp. E mesmo assim eles passam por um filtro atento de autoridades governamentais e inteligência artificial, para que sejam expurgados temas delicados como Taiwan, protestos em Hong Kong, repressão a uigures em Xinjiang. Em Cuba, muitos cidadãos comuns não têm acesso à internet, cara e rara, e recorrem a outras formas de troca de informações em rede, como a circulação de filmes e músicas gravados em pen drives.

Na versão moderna do autoritarismo — em que governantes não rasgam a Constituição nem dão golpes de Estado clássicos, mas corroem as instituições por dentro —, não é necessário censurar a internet. Nas "democracias iliberais", segundo o vernáculo do primeiro-ministro húngaro Viktor Orbán, basta inundar as redes sociais e os grupos de WhatsApp com a versão dos fatos que se quer emplacar, para que ela se torne verdade — e abafe as outras narrativas, inclusive e sobretudo as reais.

Essa avalanche de desinformação muitas vezes é impulsionada com recursos de marketing que fazem sobressair determinados conteúdos. No Facebook e no Instagram, por exemplo, é possível pagar para que um conteúdo atinja mais pessoas, seja visto mais amiúde ou alcance certos públicos (segmentados por idade, gênero, localização e outros parâmetros). No Twitter e no Facebook, quanto mais engajamento (cliques e curtidas) tem um conteúdo, maior destaque ele recebe. No entanto, muitas vezes usam-se sistemas automatizados, os robôs ou *bots*, ou então pessoas contratadas, os *trolls*, para forjar maior engajamento em certos conteúdos e dar visibilidade a certo tema, simulando uma popularidade que ele não tem.

Outra maneira de criar a impressão de que "todo mundo está falando sobre determinado assunto" e, assim, ofuscar outros temas é contratar agências que fazem disparos em massa no WhatsApp. Dessa forma é possível enviar para milhares de pessoas em milhares de grupos de WhatsApp memes, textos, áudios ou vídeos que disseminam um ponto de vista.

Uma vez "impulsionada", a narrativa é então propagada naturalmente pelas redes orgânicas, que são as pessoas de carne e osso que acreditam naquilo que está sendo veiculado. Os americanos chamam isso de *firehosing*, derivado de *fire hose*, mangueira de incêndio — trata-se da disseminação de uma informação, que pode ser mentirosa, em um fluxo constante, repetitivo, rápido e em larga escala. As pessoas são bombardeadas de todos os lados por uma notícia — sites de notícias, grupos de WhatsApp, Facebook, Instagram — e essa repetição lhes confere a sensação de familiaridade com determinada mensagem. A familiaridade, por sua vez, leva o sujeito a aceitar certos conteúdos como verdadeiros. Muitas vezes, esse será o primeiro contato que ele terá com determinada notícia — e essa primeira impressão é muito difícil de desfazer.

A tática é bastante praticada pelo autocrata russo Vladimir Putin e foi empregada à exaustão em 2014, quando a Rússia anexou a Crimeia. O modelo russo de propaganda política foi caracterizado "como uma 'mangueira de incêndio de falsidades' devido a duas de suas particularidades: alto número de canais e mensagens e uma disposição descarada para disseminar meias verdades ou ficções completas. [...] A nova propaganda russa diverte, confunde e inunda o público".[1]

O presidente americano Donald Trump e seu colega brasileiro Jair Bolsonaro também são fervorosos adeptos do procedimento, só viável pela multiplicidade de fontes de informação disponíveis hoje com a internet e as redes sociais. Trump afirma frequentemente que as eleições americanas são sempre fraudadas, porque milhões de imigrantes ilegais, que não podem votar, votam nos democratas — embora vários órgãos já tenham investigado as acusações e atestado nunca ter havido logro. Bolsonaro disse várias vezes que o pleito de 2018 foi um embuste e que ele teria vencido no primeiro turno — apesar de não apresentar nenhuma prova e de o Tribunal Superior Eleitoral ter afirmado que não houve irregularidades.

O resultado desse *firehosing* é que, em meio à cacofonia de informações, as pessoas não distinguem mais o que é verdade do que não é. Em seu livro *Origens do totalitarismo*, publicado em 1951, Hannah Arendt descreve à perfeição a situação que vivemos:

> Num mundo incompreensível e em perpétua mudança, as massas haviam chegado a um ponto em que, ao mesmo tempo, acreditavam em tudo e em nada, julgavam que tudo era possível e que nada era verdadeiro. [...] A propaganda de massa descobriu que o seu público estava sempre disposto a acreditar no pior, por mais absurdo que fosse, sem objetar contra o fato de ser enganado, uma vez que achava que toda afirmação, afinal de contas, não passava de mentira. [...] Se recebessem no dia seguinte a prova irrefutável da sua inverdade, apelariam para o cinismo; em lugar de abandonarem os líderes que lhes haviam mentido, diriam que sempre souberam que a afirmação era falsa, e admirariam os líderes pela grande esperteza tática.[2]

Ainda que a internet tenha democratizado o acesso à informação e nos permita consultar fontes originais de notícias, paradoxalmente, desmascarar mentiras hoje pode ser muito trabalhoso, quando não irrealizável. Ao contrário dos rádios de Goebbels, é muito complicado saber que tipo de informação está sendo difundida pelo WhatsApp, uma vez que todo o conteúdo é criptografado. Se botarem na roda uma acusação falsa de assassinato com foto, nome e endereço do suposto homicida, por exemplo, a pessoa vilipendiada talvez nunca saiba que está sendo vítima de uma calúnia. Na hipótese de a mensagem chegar até seu conhecimento, será quase impraticável descobrir seu autor.

No caso nazista, a origem da mensagem era inequívoca, já que o governo detinha o monopólio das emissões de rádio por meio da Corporação de Radiodifusão do Reich. No WhatsApp, é virtualmente impossível detectar a origem de uma mensagem ou de determinado conteúdo. O WhatsApp não quebra a criptografia, o que significa que não se pode saber quem mandou o quê, ou para quem. Podem-se obter metadados de uma mensagem, como o IP (Internet Protocol), o número que identifica e localiza um computador ligado à rede. Mas isso depende de uma ordem judicial, e mesmo assim muitas vezes a plataforma nega parte dessas informações, alegando seu compromisso de proteger a privacidade do usuário.

Nas redes sociais, é corriqueira a prática do *astroturfing*, a disseminação de conteúdos recorrendo-se a terceiros — robôs, números de telefone estrangeiros, sites políticos, entidades ou pessoas sem relação direta com as campanhas políticas —, assim camuflando os verdadeiros autores. O termo vem de AstroTurf, nome de uma marca de grama artificial, e remete por analogia a *grassroots*, literalmente "raízes de grama", mas é uma expressão hoje consagrada para "movimentos populares de apoio". *Astroturf* é um movimento popular falsificado, um *grassroots* de araque.

O pesquisador e diplomata australiano Arjun Bisen — que também faz menção a vídeos e fotos manipuladas — diz que:

> partidos políticos como o Bharatiya Janata Party (BJP) na Índia e o Partai Gerakan Indonesia Raya (Gerindra) na Indonésia sempre operam por meio de intermediários ou representantes para que possam assegurar certa distância de suas atividades. Eles contratam exércitos de pessoas para administrar sites de notícias, canais do YouTube, contas em redes sociais e grupos de WhatsApp com a finalidade de produzir e espalhar conteúdo hiperpartidário.
>
> Com base na análise de dados, as mensagens são microdirecionadas [direcionadas a grupos específicos], sobretudo pelo WhatsApp, a fim de repercutir em determinados grupos. O conteúdo é sempre polarizador e, para demonizar certas etnias ou políticos da oposi-

ção, recorre a símbolos religiosos, ao nacionalismo e a narrativas morais. [...]

O chamado *astroturfing* existe há muito tempo, mas a internet permite que ele seja praticado da forma mais eficiente e enganosa possível.[3]

Na Indonésia, os dois partidos políticos que disputavam as eleições estavam produzindo e propagando desinformação por meio de terceiros. "E esse é o principal problema — e a maior diferença em relação à propaganda política convencional. Independentemente de o conteúdo ser partidário ou não, os usuários ficam sem saber quem está por trás da informação que eles estão lendo e como o conteúdo que eles visualizaram teve uma repercussão artificial", afirma Bisen. "Isso evita que os partidos políticos sejam julgados pelos eleitores quando difundem mensagens falsas, tóxicas ou ofensivas, sobretudo as microdirecionadas."

Não sou uma jornalista especializada em política. Por mais de 25 anos venho fazendo reportagens sobre relações internacionais, economia e direitos humanos, e até tudo isso acontecer eu estava focada em migrações e refugiados.

Mas cobri algumas eleições: na Índia, em 2014 e

2019; nos Estados Unidos, em 2008, 2012 e 2016. Nos dois países, acompanhei a utilização crescente das redes sociais para influenciar a opinião pública. Foi por essa razão que, na época das eleições de 2018, Luciana Coelho, editora de Mundo da *Folha de S.Paulo*, mas que havia sido deslocada temporariamente para cobrir o pleito, pediu que eu me debruçasse sobre o uso do WhatsApp e investigasse a disseminação de propaganda e notícias falsas ao longo da campanha.

Várias reportagens publicadas durante aquele período revelavam como as redes haviam se transformado em uma ferramenta vital para alguns candidatos, Jair Bolsonaro em particular. A revista *Época* e a *Folha* fizeram grandes matérias sobre sites de notícias falsas ou extremamente enviesadas. A repórter Juliana Gragnani, da BBC Brasil, passou uma semana participando de 272 grupos políticos públicos no WhatsApp em outubro de 2018 e acompanhou os conteúdos que circulavam. Pablo Ortellado, coordenador do Monitor do Debate Político no Meio Digital da Universidade de São Paulo (USP), fez um levantamento sobre sites e páginas do Facebook que se dedicavam ao "proselitismo e propaganda política na forma de matérias noticiosas, inclusive mentindo, embora apenas ocasionalmente",[4] que foi publicado na *Época* e no *Estado de S. Paulo*. Eram sites de notícias ou páginas no Facebook, como Imprensa Viva, Folha Política,

Plantão Brasil, Intervenção das Forças Armadas, Jair Bolsonaro 2018 ou Burguesia Fede, que adaptavam as notícias a sua visão de mundo, pontuando com distorções ideológicas as informações.

O Intercept fez matérias sobre o uso de dados de brasileiros, sem autorização, e microdirecionamento de mensagens para eleitores. Com a venda de cadastros que reuniam nomes, CPFs, idade, localização geográfica, faixa de renda e outras informações, era possível identificar temas relevantes para cada grupo e enviar mensagens que tivessem maior impacto entre essas pessoas.

Também surgiam relatos de como empresários apoiavam seus candidatos no ambiente das redes. Em 13 de setembro de 2018, o Tribunal Superior Eleitoral havia multado por contratação irregular de impulsionamento de propaganda eleitoral o empresário Luciano Hang, que se servira do Facebook para propagar conteúdo favorável a Bolsonaro.

A estratégia digital da campanha do ex-capitão estava anos-luz à frente de qualquer outra. Carlos Bolsonaro, o Carluxo, o Zero Dois, segundo filho do então candidato, foi um visionário. Ele acompanhava como os outros políticos populistas de direita estavam atuando mundo afora e muito cedo percebeu que a propaganda — viral ou contratada — nas redes sociais passaria a ser crucial em campanhas políticas.

Ao longo dos anos, Carluxo, à frente da estratégia digital do pai, estimulou a criação de uma infinidade de grupos no WhatsApp e no Facebook e identificou influenciadores, as pessoas mais ativas na difusão e criação de mensagens. Jair Bolsonaro e os três filhos políticos também se transformaram em influenciadores digitais, documentando pelo YouTube e pelas mídias sociais suas vidas e se comunicando diretamente com seus apoiadores.

Na época da eleição de 2018, a presença digital de Jair Bolsonaro era infinitamente superior à dos outros candidatos.[5] No Facebook, sua página tinha 6,9 milhões de seguidores, dez vezes mais que Fernando Haddad, com 689 mil. O ex-presidente Luiz Inácio Lula da Silva contava com 3,8 milhões de inscritos. No Instagram, Bolsonaro reunia 3,8 milhões de seguidores, enquanto Haddad tinha 418 mil e Lula, 524 mil.

O WhatsApp era uma peça-chave da abordagem concebida pelo Zero Dois. No decorrer dos anos, com parte dos links distribuída por meio do próprio aplicativo de mensagens ou do Facebook, foram se formando grupos de apoiadores que acabaram por constituir um exército digital. Os grupos funcionam como listas de transmissão, em que os administradores, aqueles que criaram o grupo, mandam mensagens para os 256 integrantes, número máximo permitido pelas regras da ferramenta. Se uma pessoa acessou um link para se inscrever em um grupo, ela tende a ter um viés de confirmação, ou seja, está predisposta a acreditar no conteúdo que vai receber. Integrantes do grupo, por sua vez, distribuem esse conteúdo para familiares e amigos.

De acordo com um estudo de 2016 do think tank Rand Corporation sobre técnicas de propaganda do governo russo em redes sociais, as "comunicações de grupos dos quais a pessoa faz parte têm maior probabilidade de serem percebidas como críveis". O mesmo vale para fontes de informação que o sujeito enxerga como similares a ele. "Se uma propaganda é (ou simula ser) de um canal com o qual a pessoa se identifica, a informação tende a ser ainda mais persuasiva."[6] Pesquisa da consultoria Ideia Big Data realizada no Brasil em 2019 mostra que 52% das pessoas confiam em notícias enviadas pela família em mídias sociais, e 43% confiam naquelas mandadas por amigos.[7]

Tudo isso faz do WhatsApp um veículo assustadoramente eficiente para disseminar propaganda política — ou desinformação. Segundo uma pesquisa encomendada pelo Senado e publicada em novembro de 2019, 79% dos brasileiros usam sempre o WhatsApp como fonte de informação mais importante. A TV é a principal fonte de informação para 50% dos brasileiros, seguida de YouTube (49%), Facebook (44%), sites de notícias (38%) e rádio (22%). Os jornais constituem a fonte primordial de informação de apenas 8% dos brasileiros, na frente apenas do Twitter (7%).[8]

Vários desses veículos — WhatsApp, YouTube, Facebook e sites de notícias (muitas vezes falsas) — são, na realidade, copiosos mananciais de desinformação. Na eleição de 2018 no Brasil, um volume colossal de notícias falsas, meias verdades e descontextualizações saturou as redes sociais dos brasileiros.

Fabrício Benevenuto, professor de ciência da computação da Universidade Federal de Minas Gerais e coordenador do projeto Eleições sem Fake, vem monitorando as principais redes sociais e grupos públicos de WhatsApp. Apesar das limitações — só é possível acompanhar os grupos públicos, aqueles que são acessados por meio de links abertos —, o projeto conseguiu mapear algumas das principais notícias falsas ou distorcidas que circularam em 2018. Segundo Benevenuto, havia um volume muito maior de grupos pró-Bolsonaro e as mensagens lá compartilhadas, em sua maioria falsas, induziam a conclusões enganosas, descontextualizavam declarações ou mostravam acontecimentos de outros países como se tivessem ocorrido no Brasil. Também havia muitos memes ou deboche, que não chegavam a ser notícias falsas mas atuavam na construção e disseminação de narrativas equivocadas.

Muitas das mensagens, segundo o pesquisador, haviam sido claramente concebidas e/ou difundidas por profissionais, por agências de marketing: tinham um timing perfeito, respondiam de imediato a eventos da campanha.

A onda de ataques a Marina Silva ilustra bem essa atuação profissional. O desempenho da então candidata no debate de 17 de agosto de 2018 foi elogiado após ela confrontar Bolsonaro de maneira altiva sobre declarações dele justificando salários mais baixos para mulheres. O candidato já havia dito que era compreensível que mulheres ganhassem menos ou fossem preteridas em contratações, já que engravidam e isso significa prejuízo para os empregadores. "Entre um homem e uma mulher jovem, o que o empresário pensa? 'Poxa, essa mulher tá com aliança no dedo, daqui a pouco engravida, seis meses de licença-maternidade...' Bonito pra c..., pra c...! Quem que vai pagar a conta? O empregador."[9]

No debate, Marina questionou Bolsonaro:

> Só uma pessoa que não sabe o que significa uma mulher ganhar um salário menor do que um homem e ter as mesmas capacidades, a mesma competência, e ser a primeira a ser demitida. Ser a última a ser promovida, e quando vai a uma fila de emprego não é aceita simplesmente por ser mulher. Tem que se preocupar, sim,

porque quando se é presidente da República a gente tem que fazer cumprir o artigo 5º da Constituição, que diz que nenhuma mulher deve ser discriminada.[10]

Logo depois do debate e da repercussão positiva para a candidata da Rede, Benevenuto registrou ampla circulação de memes no WhatsApp ridicularizando Marina Silva. "Imediatamente, detectamos a reação nas redes sociais, principalmente WhatsApp, com notícias falsas, meme e deboche contra a Marina, atacando a aparência dela e sua postura como mulher", lembra o pesquisador. Também circularam notícias falsas de que ela, evangélica, apoiaria um plebiscito sobre o direito ao aborto que autorizaria o procedimento no Brasil — quando o resultado mais provável, segundo as pesquisas, era que a maioria da população votasse pela proibição. Essa mensagem tinha como objetivo impedir que a candidata ganhasse votos da direita.

Segundo Cristina Tardáguila, diretora-adjunta da Rede Internacional de Checagem de Fatos e fundadora da Agência Lupa, as dez notícias falsas mais populares checadas pela Lupa em agosto de 2018 tiveram, juntas, 865 mil compartilhamentos só no âmbito do Facebook. Essas fake news foram compartilhadas quase três vezes mais do que o famigerado post calunioso do site Ceticismo Político sobre a morte da vereadora

Marielle Franco em março de 2018, que teve 360 mil compartilhamentos. O site reproduzia afirmações da desembargadora Marília de Castro Neves, que logo após o assassinato da vereadora comentou no Facebook que "ela estava engajada com bandidos", havia sido eleita "pelo Comando Vermelho" e teria sido morta por descumprir promessas feitas à organização criminosa. "Qualquer outra coisa diversa é mimimi da esquerda tentando agregar valor a um cadáver tão comum quanto qualquer outro", a desembargadora escreveu.

O levantamento do Eleições sem Fake e da Agência Lupa mostra que as notícias falsas que mais se espalharam pelo WhatsApp eram variações de "denúncias" de fraude ou mau funcionamento nas urnas eletrônicas. Uma das que mais circularam nos 347 grupos públicos monitorados foi uma imagem que mostrava um boletim de urna do primeiro turno no qual o candidato Fernando Haddad (PT) aparece com 9909 votos numa determinada seção, embora o número total de eleitores aptos para votar naquele local fosse de 777 eleitores. "Só o Haddad teve 9909 votos em uma seção com 777 eleitores. Como assim?", era a legenda. A foto era falsa.[11] Segundo checagem da Lupa, a imagem era de uma urna na cidade japonesa de Nagoia. O boletim real mostrava que Haddad havia tido nove votos, Bolsonaro, 372 e Alckmin, onze.

Segundo levantamento da agência de checagem Aos Fatos, o conteúdo falso com maior número de compartilhamentos foi a mensagem que pretendia denunciar que uma urna eletrônica completava automaticamente o voto no candidato do PT. Impulsionada por um tuíte do senador Flávio Bolsonaro, primogênito do ex-capitão, o Zero Um, a notícia mentirosa foi compartilhada ao menos 732 mil vezes nas redes sociais. O próprio Flávio foi alvo de notícia falsa: viralizou durante a campanha uma foto adulterada em que ele aparecia vestindo uma camiseta azul estampada com a frase "Movimento nordestinos voltem pra casa. O Rio não é lugar para jegue". A imagem original era de outubro de 2016, quando o Zero Um, então candidato à Prefeitura do Rio, foi votar usando uma camiseta azul lisa, apenas com o adesivo de seu número de candidato.

Apesar de o TSE enfatizar que as urnas eletrônicas estão em uso no Brasil desde 1996, sem nunca ter havido comprovação de fraude, essas mensagens continuaram viralizando.

Ciro Gomes também foi atacado. Circulou pelas redes uma foto sua com uma distorção da declaração que ele havia dado em 2002 sobre a participação na campanha de sua então mulher, Patrícia Pillar. Na imagem que viralizou, Ciro teria dito: "Mulher tem é que calar a boca e não dar um pio. Pois o único papel da minha mulher é o de dormir comigo". Na verdade, o candidato à Presidência havia dito: "Minha companheira tem um dos papéis mais importantes, que é dormir comigo. Dormir comigo é um papel fundamental". A frase verdadeira já tinha sido totalmente infeliz, mas ainda era mais leve do que a que circulou na montagem.

Outro conteúdo que se tornou representativo da agressiva campanha de desinformação nas eleições de 2018 foram variantes do kit gay e da fatídica "mamadeira de piroca", além da sugestão de que Haddad advogava pelo incesto como estratégia para a ascensão do socialismo.

Uma checagem da Aos Fatos desmentia o vídeo que dizia que, para combater a homofobia, o PT havia distribuído em creches mamadeiras com bico de borracha em formato de pênis.[12] A Agência Lupa fez a checagem de uma das mensagens, que mostrava uma antiga postagem de Olavo de Carvalho acusando um livro de Fernando Haddad de defender sexo entre pais e filhos. O livro *Em defesa do socialismo*, lançado em 1998 pela editora Vozes, não faz menção ao incesto nem defende a ideia de que o "tabu do incesto" precise ser derrubado para implantar o socialismo.[13]

Muitas pessoas se perguntam: mas quem será que acredita nessas bobagens?

Muita gente.

De acordo com uma pesquisa Datafolha de outubro de 2018, 46% das pessoas liam sobre política e eleições pelo WhatsApp; também 46% das pessoas se informavam pelo Facebook. Entre os eleitores que se serviam do WhatsApp, 47% acreditavam, muito ou um pouco, nas notícias que recebiam pelo aplicativo. Entre os eleitores de Bolsonaro, 52% acreditavam, muito ou um pouco, nas notícias que chegavam pelo aplicativo, contra 44% dos que votavam em Haddad.[14]

Uma pesquisa da Ipsos Mori realizada em 2018 ouviu mais de 19 mil pessoas em 27 países e mostrou que, no Brasil, 62% das pessoas afirmavam já ter acreditado em uma notícia para depois descobrir que era falsa — o mais alto índice entre as nações pesquisadas.[15] Além de predispostas a acreditar nas mensagens que recebiam, 73% das pessoas achavam que já haviam visto reportagens em que veículos de mídia disseram deliberadamente uma inverdade. Ou seja, as pessoas acham que a mídia tradicional mente e tendem a acreditar em conteúdo enviado por WhatsApp pela família e por amigos desde que tais conteúdos confirmem suas crenças.

Em setembro de 2018, depois de eu ser pautada — ou seja, depois de ter recebido a missão de apurar informações, no jargão jornalístico —, mergulhei em uma investigação sobre o uso do WhatsApp durante a campanha eleitoral brasileira.

Nunca comprei a ideia, abraçada por alguns conspiracionistas, de que havia um bunker secreto onde se fabricavam todas as notícias falsas que eram então distribuídas pelo Facebook e WhatsApp. Existia, sim, criação de mensagens dentro das células de marketing das campanhas. Mas também se fazia muita curadoria e distribuição de conteúdo criado por apoiadores. E essa é uma das genialidades das redes: tudo é muito descentralizado.

Conversando com marqueteiros políticos e funcionários de agências, cheguei à conclusão de que a melhor estratégia seria a boa e velha "siga o dinheiro", ou seja, ir atrás das contratações dos serviços de disparos.

Entrevistei ex-funcionários de agências de marketing digital que prestavam serviços para candidatos, funcionários dessas empresas, clientes e donos. Ao longo de algumas semanas de apuração, troquei inúmeras mensagens, recebi propostas de serviços, armazenei depoimentos, tanto em on quanto em off. Foram ouvidas todas as empresas ou pessoas que foram mencionadas na reportagem — trata-se de um princípio básico do jornalismo: é necessário dar a chance e o espaço para "o outro lado" se manifestar ou contestar uma reportagem.

Com isso, no dia 18 de outubro publicamos a reportagem "Empresários bancam campanha contra o PT pelo WhatsApp".[16] A matéria revelava que empresas se preparavam para comprar, de agências de marketing digital, pacotes de disparos em massa no WhatsApp de mensagens contra o PT e planejavam uma grande operação na semana anterior ao segundo turno. Prática ilegal tanto por se tratar de doação de campanha *por empresas* quanto por não ter sido declarada ao TSE, conforme exige a legislação.

Em 2015 o Supremo Tribunal Federal decidiu proibir doações de empresas a campanhas eleitorais, numa tentativa de coibir a corrupção — muitos empresários doavam milhões e quando seus candidatos ganhavam eles os pressionavam para adotar medidas que os favorecessem. Com a decisão do STF, apenas pessoas físicas podem doar para candidatos, e, mesmo assim, no valor máximo de 10% de seu rendimento no ano anterior à eleição. Com isso, comprar de fornecedores serviços digitais que beneficiam candidatos passou a ser um expediente de doar por baixo do pano. Em vez do clássico caixa dois, em que o dinheiro doado não é declarado ao TSE, inaugurava-se a terceirização do caixa dois. O simples envio de mensagens políticas em massa pelo WhatsApp só passou a ser ilegal a partir de dezembro de 2019, mais de um ano após a publicação das reportagens.

Segundo uma proposta de serviço que obtivemos na ocasião, as agências ofereciam pacotes de WhatsApp por 0,08 real a 0,12 real por mensagem disparada para a base própria do candidato, constituída da lista de números de celulares obtidos de forma espontânea pelo político ou partido. Tal base podia ser segmentada por região geográfica, faixa de renda, gênero e outras características que potencializavam a eficácia dos envios. As agências prestavam contas ao cliente por meio de relatórios registrando data, hora e conteúdo disparado. Quando o candidato também comprava uma base de dados — um cadastro de números de celulares —, os disparos saíam mais caro, de 0,1 real a 0,2 real. Vale dizer que a legislação eleitoral proíbe compra de base de terceiros; só permite o uso das listas de apoiadores do próprio candidato ou do partido.

Entre as agências que ofereciam aos políticos esse tipo de serviço estavam Quickmobile, Yacows e Croc Services. As mensagens não continham necessariamente notícias falsas. Os candidatos ou quem contratava os disparos em massa determinavam o conteúdo — propaganda política convencional, ataques aos opositores, fake news.

Na proposta da Croc Services para o então candidato Geraldo Alckmin, por exemplo, o envio de dezenove mensagens diferentes para uma base de cerca de 10 milhões de números de celulares, fornecidos pelo próprio candidato, sairia pouco mais de 1 milhão de reais. Expedir mensagem para o cadastro de telefones fornecido pela agência, com quase 120 milhões de números, custaria 8,7 milhões de reais. A Croc alegava ter 12 milhões de números no Rio de Janeiro, 32 milhões em São Paulo e 11 milhões na Bahia. A campanha do tucano afirmou que recebeu a proposta e contratou apenas a opção do serviço a partir da lista de telefones de militantes e membros do PSDB e de apoiadores que forneceram seus dados nas redes do candidato — o que então não era ilegal. A campanha declarou ter desembolsado 495 mil reais pelos disparos, a 0,09 cada um.

O consultor de marketing digital da campanha de Alckmin, Marcelo Vitorino, relatou à jornalista Silvia Amorim, de O Globo,[17] que a empresa DOT Group ofereceu ao partido um pacote de mensagens por WhatsApp, para até 80 milhões de pessoas, recorrendo a cadastros de terceiros. Segundo o PSDB, o serviço não foi contratado. A empresa negou ter proposto o disparo de mensagens a partir de uma lista de eleitores alheios ao partido.

Fazer envios massificados para números de cadastros vendidos pelas agências, com destinatários aleatórios que não se inscreveram para receber esses conteúdos, parece pouco eficiente. Afinal, não difere muito de receber mala direta pelo correio ou ligação aleatória de telemarketing — só serve para irritar o destinatário. Muitas vezes, porém, essas mensagens eram enviadas a grupos de apoiadores, ou seja, pessoas já predispostas a acreditar naquele conteúdo, ou então os destinatários as passavam a seus familiares e amigos, incrementando a credibilidade da informação.

Vários candidatos contrataram o serviço de forma direta ou indireta e declararam as despesas ao TSE, entre eles Henrique Meirelles, Fernando Haddad e Bolsonaro (o dono da agência AM4, que prestava serviços para o então candidato do PSL, alegou que as mensagens em massa enviadas foram apenas referentes a uma mudança de endereço). Em seus relatórios de despesas de campanha às autoridades eleitorais, eles listavam gastos com algumas dessas agências de marketing. Na época, desde que a despesa fosse declarada ao TSE, não fosse financiada por empresas, não usasse cadastros de números telefônicos comprados e não contivesse propaganda negativa, não era ilegal.

Em 2018, vigorava uma sensação de fadiga e rejeição com os governos do PT por causa dos escândalos de corrupção envolvendo a legenda e a má condução da economia. Uma pesquisa Datafolha de 22 de outubro de 2018 mostrava que, entre as pessoas que diziam preferir Jair Bolsonaro, 30% citavam a necessidade de renovação e alternância no poder — o partido tinha estado no governo por treze anos. Outros 25% afirmavam que iam votar em Bolsonaro porque rejeitavam o PT, e 10% mencionavam a necessidade de combate à corrupção.[18]

Entre o empresariado, particularmente, era grande a aversão à política econômica adotada durante o governo de Dilma Rousseff. O país vinha de muitos anos de recessão ou crescimento medíocre — no segundo mandato de Dilma, o PIB cresceu 0,5% em 2014 e recuou 3,5% e 3,3% em 2015 e 2016. Várias das medidas intervencionistas adotadas por Dilma, como controle de preços dos combustíveis e tarifas de eletricidade, haviam saído pela culatra e deixado estragos. Com o impeachment de Dilma e a entrada de seu vice, Michel Temer, o empresariado em geral celebrou, apostando na promessa de várias reformas econômicas. Para melhorar a situação das contas do governo, Temer começou a implementar algumas delas, como uma minirreforma trabalhista e o teto dos gastos públicos. Mas a agenda reformista foi por água abaixo após ser revelada uma gravação feita pelo empresário Joesley Batista, da JBS, que sugeria possíveis indícios da ligação de Temer com atos de corrupção.

Em 2018, boa parte dos donos do dinheiro, temerosos de uma volta do PT e sua política econômica, cerrou fileiras a favor de Bolsonaro, apostando na promessa da adoção de medidas pró-mercado, que iam de simplificação de legislação trabalhista a desregulamentação e privatizações.

Ao longo da apuração da matéria, obtive mensagens que revelavam que o dono de uma das agências de marketing havia dito a um cliente que não poderia atender a seu pedido de disparos de mensagens políticas por WhatsApp porque estava abarrotado de trabalho para uma campanha presidencial. Segundo ele, "empresas" e "empresários" haviam comprado pacotes de disparos para serem realizados na semana anterior ao segundo turno, e eram "mensagens contra o PT". Ele dizia que estava "ajudando a limpar o país". Também oferecia venda de cadastros, com milhões de números de celular, CPF, faixa de renda.

Um funcionário de outra agência reiterou as informações, mostrou mensagens e descreveu como determinadas empresas estavam comprando, por meio de agência de marketing intermediária, os pacotes de disparos. Disse que estavam engajadas na "desconstrução da imagem de Haddad e Manuela". Um ex-funcionário da mesma agência fez relatos semelhantes. Um cliente de tais serviços ainda relatou que, em uma outra agência, haviam lhe oferecido "mineração de dados", *bots* para responder a perguntas mais simples e equipe de carne e osso para interações mais complexas. Com a mineração, através das redes sociais coletavam-se dados de eleitores que ajudavam a estruturar propostas e segmentar mensagens.

Em nenhum momento a reportagem dizia que o candidato Jair Bolsonaro sabia dessa movimentação ilegal dos empresários para comprar pacotes de disparos de mensagens, pois nunca cheguei a indícios sólidos de que ele tivesse conhecimento dessas encomendas. Aliás, a primeira reação de Bolsonaro foi dizer que não tinha como saber se empresários estavam fazendo isso. "Eu não tenho controle se tem empresário simpático a mim fazendo isso. Eu sei que fere a legislação. Mas eu não tenho controle, não tenho como saber e tomar providência", disse ele ao site O Antagonista.[19]

A reação à reportagem foi brutal.

O WhatsApp bloqueou contas ligadas às agências que estavam fazendo os disparos. O PT, partidos de oposição a Bolsonaro e algumas pessoas contrárias à eleição do ex-capitão começaram a pressionar nas redes pela impugnação da candidatura e entraram com ação pedindo investigação no TSE. Já os apoiadores de Bolsonaro puseram em marcha uma operação para atacar minha reputação e desconstruir a matéria. Em pouco tempo, hashtags como #CadêAsProvas e #MarqueteirosDoJair dominavam as redes sociais. O então presidente do PSL, Gustavo Bebianno, disse que a reportagem era fake news.

Bolsonaro abriu um processo contra os acionistas da *Folha*, Luiz Frias e Maria Cristina Frias, contra mim e seus adversários Fernando Haddad e Manuela D'Ávila. Ele exigia que divulgássemos os materiais que embasavam a reportagem. Em outras palavras: queria que eu violasse o sigilo das fontes, assegurado pela Constituição.

Por sete votos a zero, o presidente perdeu a ação no TSE em setembro de 2019.

Cabe aqui uma autocrítica. A revolta contra os ditos experts, o desprezo pelos acadêmicos, especialistas ou jornalistas, é uma das características de nosso mundo tecnopopulista, para empregar um termo que aprendi com Giovanni Da Empoli.[20] Trata-se de uma das facetas dos populismos, que privilegiam valores ou concepções de mundo previamente dadas em detrimento de conhecimento. Ocorre que isso pode também gerar um empoderamento até certo ponto saudável dos leitores, internautas e espectadores. Mais do que nunca, não basta se apoiar na "autoridade" do jornalista ou do veículo de imprensa para respaldar uma reportagem — é preciso descrever da forma mais transparente possível como foram obtidas as informações.

Mesmo em uma apuração sensível como aquela, que supunha fontes em off porque se tratava de participantes de esquemas ilegais de financiamento em plena campanha eleitoral, deveríamos ter explicado de forma detalhada quem eram essas fontes e mostrado as trocas de mensagem na medida do possível, tomando cuidado para não violar o anonimato pedido por essas pessoas. Se tivéssemos descrito com pormenores como foi feita a reportagem, e explicitado como um jornalista trabalha para obter informações, a campanha para descredibilizar a matéria e a autora não teria ganhado tanta tração, sobretudo entre pessoas que estavam fartas de governos petistas e queriam mudança a qualquer custo.

Após a reportagem, a Polícia Federal abriu um inquérito sobre a disseminação de fake news. O corregedor do TSE, ministro Jorge Mussi, por sua vez, instituiu uma ação para investigar a compra de disparos em massa. No entanto, foram negados diversos pedidos para que houvesse busca e apreensão nas agências e quebra de sigilo bancário, telemático e telefônico dos donos. Na época, Mussi afirmou que não acataria o pedido de busca nas agências por ele estar lastreado apenas "em matérias jornalísticas", mas que isso poderia ocorrer em outro momento (nunca ocorreu).

O problema é que a decisão de não investigar permitiu uma gigantesca operação apaga-rastros. Duas das minhas fontes relataram que, em duas das agências, houve esforço concentrado para apagar qualquer vestígio das operações, inclusive com ocultação de HDs no dia em que a reportagem foi publicada.

Reportagem do UOL mostrou que, na tarde de 18 de outubro, horas depois da publicação da matéria foram apagados os registros de envio de mensagens disparadas pela campanha de Bolsonaro.[21]

Em dezembro, em parceria com o repórter Artur Rodrigues, encontramos mais uma peça do quebra-cabeça. Resolvemos recorrer a um método clássico de investigação jornalística — fazer um levantamento das ações trabalhistas movidas por ex-funcionários contra as agências de marketing. Foi assim que chegamos até Hans River do Rio Nascimento, ex-funcionário que estava processando na Justiça trabalhista a Yacows, uma das agências que faziam disparos em massa na campanha. No processo, haviam sido anexadas várias fotos e trocas de mensagens mostrando que a empresa havia se transformado em uma gigantesca linha de montagem de disparos na eleição. O número de funcionários saltou de algumas dezenas para duzentos, que se revezavam 24 horas por dia para dar conta dos pedidos de políticos.

Entrei em contato com Nascimento pela primeira vez pelo WhatsApp. Mandei uma mensagem: "Oi Hans, tudo bem? Meu nome eh Patrícia, sou jornalista da Folha de São Paulo. Estou fazendo uma matéria sobre empresas de marketing digital. Vi um processo trabalhista que vc está movendo, acho que posso te ajudar e vc pode me ajudar. Podemos falar?". Ele deu uma resposta entusiasmada: "Tenho muito o que falar sobre".

Combinamos nos encontrar perto da casa dele, na Vila Leopoldina, em São Paulo. Nascimento escolheu uma padaria de esquina. Parecia muito confortável e ansioso por contar detalhes de seu trabalho na agência. Cabelo afro, camisa meio aberta, ele me revelou que era músico, mas que fazia vários bicos. Perguntei se poderia gravar a conversa e mencionar seu nome na reportagem, e ele disse que não havia nenhum problema. Esperava que a reportagem o ajudasse a fechar um bom acordo trabalhista com a Yacows, que ele acusava de não pagar horas extras nem dar intervalo para almoço nas cinco semanas em que trabalhou lá. Os antigos empregadores afirmavam que ele faltava muito e chegava atrasado, e havia registros dessas reclamações nas trocas de mensagens.

Nascimento me disse que estava sem grana, não tinha dinheiro nem para comprar insulina — era diabético. Ofereci pagar o remédio, que custava cerca de trinta reais. Ele pegou o dinheiro e foi até a farmácia. Perguntei se queria almoçar, ele disse que sim, e nós dois pedimos um prato feito com bife, salada, arroz e feijão. Conversamos por mais de uma hora, e ele descreveu em detalhes como era o esquema na agência, enviou por WhatsApp algumas fotos e trocas de mensagens que guardara. Chamei um Uber e fui embora, de posse da entrevista gravada e de arquivos que ele me passou por WhatsApp.

Nos dias que se seguiram, Nascimento me mandou mais fotos que detalhavam a operação na Yacows, além de trocas de mensagens entre os donos da empresa. Em uma das mensagens compartilhadas por ele, um supervisor diz a todos os funcionários que eles devem trabalhar no final de semana: "Campanha de GOV iniciando!". Nenhum candidato a governador declarou ao Tribunal Superior Eleitoral despesas com essas agências.

Ele ainda me falou que 99% do que faziam eram disparos para políticos, e 1% era propaganda para a Jequiti, loja de cosméticos. Quanto às mensagens dos disparos e quem encomendava, ele foi sempre vago e mudou sua versão diversas vezes. Primeiro, disse que todos os candidatos estavam fazendo disparos. Pedi algum indício concreto, como uma mensagem, e ele não tinha. Depois, passou a dizer que Henrique Meirelles e João Doria estavam recorrendo ao expediente, mas, de novo, não me passou nenhuma prova.

Como Nascimento não nos apresentou indícios concretos, a reportagem publicada em nenhum momento citou nomes de candidatos. Sua tarefa na agência consistia basicamente em habilitar os chips e acionar os disparos. Ele trabalhou na Kiplix, ligada à Yacows, de 9 de agosto a 29 de setembro, com salário de 1500 reais. Não acho que tivesse acesso a informações sobre quem pagava pelos disparos. Para fazerem o envio em massa, eles usavam emuladores de WhatsApp em computadores, conectados a celulares ou às chamadas chipeiras, em que inseriam chips.

Para liberar o uso de um chip de celular, é necessário registrá-lo com nome e CPF. Uma vez que, para barrar spam, o WhatsApp bloqueia números que enviam grande volume de mensagens, a fim de manter a operação as agências precisavam de chips suficientes para substituir os que fossem bloqueados. Ele nos enviou fotos de caixas e mais caixas cheias de chips e de inúmeros funcionários diante dos computadores conectados a celulares ou chipeiras.

Em uma das mensagens que o ex-funcionário nos passou, uma pessoa identificada como Lindolfo Alves Neto, um dos donos da agência, dizia: "Daqui até o primeiro turno das eleições teremos trabalho nos finais de semana. E extra de madrugada liberado". Em uma outra, uma pessoa identificada como Flávia, irmã de Lindolfo, diz: "Pessoas, reta final das eleições, amanhã trabalhamos cada turno em seu horário, liberado hora extra, principalmente de sábado para domingo".

Segundo Nascimento, ele e vários colegas chegaram a trabalhar dezesseis horas seguidas para dar conta dos disparos encomendados pelas campanhas. "Muita gente dormia lá, na escada, sofá, hall. Descansava um pouco, ia lá e fazia mais um turno", disse. Ele ainda nos passou uma planilha com nomes e CPFs que seriam usados para registrar chips de celular e fazer os disparos de lotes de mensagens. A lista, de 10 mil nomes, era composta sobretudo de idosos. Contatamos alguns deles — não tinham ideia de que estavam se aproveitando de seus dados. Tudo isso era ilegal.

Perguntei-lhe onde compravam essas listas de CPFs para registrar os chips, ele disse que não sabia. E levantou uma hipótese: "Na Santa Efigênia?", referindo-se à rua no centro de São Paulo famosa pela venda de eletrônicos e produtos falsificados ou contrabandeados.

Mas essa não era a única irregularidade.

A Yacows oferecia em um site a venda de cadastros com milhões de números de celular atrelados a CPFs, títulos de eleitor, perfil social e econômico.[22] A página da plataforma Bulk Services, pertencente à Yacows, anunciava como chamariz para a clientela "240 milhões de linhas de celular com perfil atrelado"; "100 milhões de títulos de eleitores"; "cruzamento de dados cadastrais com eleitorais"; "campanhas segmentadas por zona eleitoral" e "dados georreferenciados: por estado, cidade e bairros".

A página da Bulk Services não estava mais no ar, seu último registro havia sido em 18 de outubro de 2018, data em que a primeira reportagem citando a Yacows tinha sido publicada. Mas, como se sabe, é impossível apagar qualquer coisa da internet. A página pode ser acessada pelo link da Internet Archive, a Wayback Machine, espécie de arquivo oficial da internet. Ou seja: a agência não apenas usava CPFs para registrar seus chips, mas também oferecia a políticos bancos de dados. O meu e o seu número de celular, de título eleitor e até nossa faixa de renda podiam estar à venda, sem nossa autorização.

Depois de reunirmos todos os indícios, ligamos para os donos da Yacows, Lindolfo Alves Neto, e sua irmã, Flávia, para ouvi-los. Eles enviaram uma nota afirmando que não havia evidências de atos ilícitos no processo trabalhista aberto por Nascimento e que não compactuavam com práticas ilegais.

No dia 25, Nascimento mudou de ideia, de repente. Mandou uma mensagem dizendo: "Pensei melhor, estou pedindo pra você retirar tudo que falei até agora, não contem mais comigo", disse. Perguntei se ele estava sendo ameaçado, e por isso não poderia mais falar, ou se havia voltado atrás porque tinha fechado um acordo com a empresa. Ele não respondeu. No dia 27, entrou no site do Tribunal Regional do

Trabalho a informação de que Nascimento acabara de fechar um acordo trabalhista com a Yacows.

O ex-funcionário provavelmente nos usou para fechar o acordo. Levando em conta as várias ilegalidades reveladas, com indícios concretos, entendemos que precisávamos publicar a matéria, que saiu no dia 2 de dezembro de 2018.

Depois da publicação, não falei de novo com Nascimento. Ele havia conseguido sua indenização trabalhista e nunca reclamou do teor da reportagem nem voltou a me procurar.

Mesmo com todos esses indícios de irregularidades, a polícia não investigou a fundo a Yacows nem qualquer uma das outras empresas citadas. E a campanha nas redes sociais para desacreditar as matérias e manchar minha reputação continuava.

Mas, quanto mais eu era atacada, mais eu entendia que havia tocado num ponto nevrálgico, que havia descoberto um pedaço da imensa estrutura de desinformação montada para manipular a opinião pública no país. E sabia que não podia parar.

Ao longo de 2019, continuamos investigando.

Em maio daquele ano, fui designada para ir à Índia cobrir as eleições — o maior pleito do mundo, com mais de 900 milhões de eleitores aptos a votar.

Para acolher essa imensidão de eleitores, a eleição se estende por várias semanas. (Devo dizer que a Índia é um dos meus países favoritos no mundo; estive lá diversas vezes fazendo reportagens. Além disso, tinha um interesse especial pelas eleições do país. O primeiro-ministro Narendra Modi, que concorria à reeleição, e seu partido, o BJP, haviam sido pioneiros no uso de mídias sociais em campanhas políticas.)

Em meio à cobertura eleitoral indiana, eu faria uma parada em Londres e Oxford, onde iria discutir fake news e desinformação em um painel no Brazil Forum UK, evento organizado por estudantes brasileiros da London School of Economics and Political Science e da Universidade de Oxford. De lá voltaria para Nova Delhi, para acompanhar a apuração final dos votos.

Ainda em São Paulo, quando estava prestes a embarcar para Nova Delhi, recebi uma informação preciosa: uma fonte havia gravado um almoço de que participara na Espanha, no decorrer do qual fora revelado o mecanismo de disparos em massa de mensagens por ocasião das eleições no Brasil. O espanhol Luis Novoa, dono da agência de marketing espanhola Enviawhatsapps, contava aos comensais que sua empresa, durante a campanha eleitoral brasileira de 2018, havia fornecido inúmeros pacotes de disparos a várias empresas do país, que enviaram mensagens pró-Bolsonaro para celulares brasileiros. O empresário dizia que "empresas, açougues, lavadoras de carros e fábricas" brasileiros haviam comprado seu software para metralhar mensagens a favor do ex-capitão. Afirmava desconhecer que seu software estivesse servindo a campanhas políticas no Brasil, e disse só ter tomado conhecimento disso quando o WhatsApp cortou, sob a alegação de mau uso, as contas de sua empresa.

"Eles contratavam o software pelo nosso site, fazíamos a instalação, e pronto [...]. Como eram empresas, achamos normal, temos muitas empresas [que fazem marketing comercial por WhatsApp]", dizia o espanhol, na gravação. "Mas aí começaram a cortar nossas linhas, fomos olhar e nos demos conta de que todas essas contratações, 80%, 90%, estavam fazendo campanha política", ele dizia. Uma outra pessoa, nessa mesma gravação, lhe perguntou: "Era campanha para algum partido?", e ele respondeu: "Eram campanhas para Bolsonaro".

A gravação era perfeitamente audível e eu confiava na procedência, conhecia a fonte havia bastante tempo. Entrei em contato com a assessoria do WhatsApp, que confirmou ter cortado as linhas da empresa. "Não comentamos especificamente sobre contas que foram banidas, mas enviamos uma notificação judicial para a empresa Enviawhatsapps."[23] O mesmo Luis Novoa tinha sido responsável pelas campanhas de disparos em massa de WhatsApp das legendas Podemos e Partido Socialista Obrero Español (PSOE) na eleição espanhola de 2019. A plataforma havia suspendido as contas desses partidos e do Partido Popular (PP) durante a campanha eleitoral, por violação das regras de uso ao fazer envios em massa.

A gravação era uma bomba. Caso se confirmasse, tratava-se de uma confirmação de caixa dois — empresas e empresários comprando propaganda eleitoral via WhatsApp, sem declaração ao TSE. De novo, parecia um caso de terceirização de caixa dois. Não havia indicações de que Bolsonaro ou sua equipe de campanha soubessem da contratação desses disparos.

O esquema mostrava quão fácil era influenciar uma eleição. Bastava uma conexão de internet e um cartão de crédito ou conta no PayPal, e se enviavam milhares de mensagens de WhatsApp em benefício — ou em detrimento — de algum candidato. Qualquer agência em qualquer lugar do mundo poderia ser acionada. Mas eu não podia publicar uma reportagem baseada em um áudio, mesmo que enviado por um dos participantes da conversa. Era preciso confirmar com o dono da agência, sediada na cidade de La Coruña, na Galícia, na Espanha.

Peguei um voo de nove horas de Nova Delhi rumo a Londres, para participar do evento em Oxford. De lá, comprei uma passagem de uma companhia aérea low cost, a Vueling, para La Coruña. Fiz uma reserva numa pensão, a diária a quarenta euros. Orçamento de jornal é sempre apertado e eu estava indo em uma viagem incerta, que podia ser um tiro n'água. Não sabia sequer se o galego — como eu e minha fonte nos referíamos a ele — estaria lá.

Havia encontrado um endereço de Novoa num dos sites do governo da Galícia e resolvi armar uma tocaia. Cheguei bem cedo e descobri que se tratava de um prédio residencial — não era seu escritório. Abordei um morador que estava saindo do edifício, e perguntei se sabia se Novoa estava em casa, pois precisava conversar com ele e não conseguia falar por telefone. O senhor, bastante simpático, confirmou que o empresário morava lá, mas que ele não sabia se estava em casa ou não.

Por volta das oito horas, me sentei num café bem em frente à portaria do prédio. Meu plano era esperar até que ele aparecesse. Batia um vento gelado — eu tinha escolhido uma mesa externa — e eu pedi um pão com jamón serrano e uma coca zero. Acendi um cigarro.

Três cocas zero, dois pães com jamón, inúmeros cigarros depois, e nada do galego. Era meio-dia e meia, resolvi almoçar lá mesmo, uma tortilla. Quando deram duas da tarde, desisti de surpreendê-lo. Decidi tentar o método convencional — enviei uma mensagem por WhatsApp me apresentando como repórter brasileira. Disse que estava às voltas com uma matéria sobre marketing eleitoral digital e que tinha acabado de voltar da Índia, onde havia coberto esse aspecto das eleições. Contei que havia lido uma reportagem sobre o trabalho dele no jornal *La Voz de Galicia* e que tinha ouvido que ele trabalhara nas eleições brasileiras. Disse que estava de passagem por La Coruña e perguntei se ele toparia tomar um café comigo para conversar.

Passou um tempo, e Novoa pediu que eu lhe enviasse meu currículo. Acho que queria se certificar de que eu era mesmo jornalista. Perguntou quem havia me passado seu telefone, contei que fora um conhecido que trabalha em um partido espanhol. Ele marcou um encontro num café chamado La Granera. Escolhemos uma mesa externa e ele me permitiu gravar a entrevista. Começamos falando das estratégias de marketing digital nas eleições, ele me contou de seu trabalho na Espanha e até nos Estados Unidos.

Eu queria encontrá-lo para confirmar tudo o que havia sido dito no áudio daquele almoço, era essa a minha razão: precisava ouvir isso dele, ter a certeza de que o conteúdo da gravação era verdadeiro. Então perguntei se poderíamos conversar em off, pois lhe poria uma questão delicada. Depois de muita conversa e vários cappuccinos, ele se sentiu mais à vontade e começou a falar dos disparos contratados durante a eleição de 2018.

Uma vez obtida a confirmação da história, contei que havia recebido uma gravação em que ele contava a outras pessoas sobre as compras feitas por empresários brasileiros. E lhe informei que isso era ilegal segundo a legislação brasileira. Ele fechou a cara imediatamente. Reiterei que iria cumprir o combinado, não escreveria sobre o conteúdo da nossa conversa em off. Mas o áudio daquele almoço me fora enviado por uma terceira pessoa e sairia uma reportagem no jornal. O galego ficou bastante nervoso, achei que ia jogar o cappuccino quente na minha cara.

Novoa disse que negaria tudo. "Claro", eu disse, "vamos ouvi-lo [em on] e publicaremos a sua posição. Mas, como sei que é verdade, porque você acabou de me confirmar, vamos soltar a reportagem sobre a gravação." Ele retrucou: "É mentira, não trabalhamos com empresas que tenham enviado campanhas políticas no Brasil. Tanto faz se gravaram sem permissão uma conversa informal. Repito pela enésima vez: não trabalhamos com campanhas políticas no Brasil".

Além do possível crime de doações não declaradas, e feitas por empresas, havia outra irregularidade. Segundo a lei nº 13.488 de 2017, apenas as campanhas oficiais podem contratar impulsionamento de conteúdo eleitoral nas redes sociais, e somente de estabelecimentos sediados ou com representantes no Brasil. "O impulsionamento [...] deverá ser contratado diretamente com provedor da aplicação de internet com sede e foro no País, ou de sua filial, sucursal, escritório, estabelecimento ou representante legalmente estabelecido no País e apenas com o fim de promover ou beneficiar candidatos ou suas agremiações", diz a legislação, além de ressaltar que precisa ser "contratado exclusivamente por partidos, coligações e candidatos e seus representantes".

A reportagem foi publicada em 18 de junho de 2019. Revelava mais um eixo da engrenagem de propaganda digital irregular nas eleições do ano anterior e ressaltava a dificuldade de monitorar esse tipo de ação. Mas, mesmo com mais evidências sobre o esquema, a investigação do TSE aberta em 2018 continuou andando a passos de tartaruga. Desde o início, quando a autoridade eleitoral resolveu não quebrar o sigilo dos donos das agências, nem fazer busca e apreensão, ficava evidente que era escasso o apetite para levar adiante as apurações.

Sob a justificativa de não comprometer a celeridade da investigação, em abril de 2019 o ministro Jorge Mussi, do TSE —relator das duas ações para investigar o uso de WhatsApp durante a campanha eleitoral —, excluiu uma peça-chave, afirmando que após três tentativas de notificação a pessoa não havia sido localizada pela Justiça. Era o empresário Peterson Rosa Querino, sócio da agência Quickmobile, suspeita de fazer disparos em massa anti-PT pagos por empresários. Uma outra empresa de Querino havia sido contratada pela campanha de Dilma Rousseff em 2014 para enviar disparos em massa de mensagens de texto (SMS). Mas na época essa despesa constou da prestação de contas às autoridades eleitorais.

No fim de setembro, o ministro impediu que sete testemunhas fossem ouvidas, entre elas donos da agência citada na reportagem, o funcionário que fez a denúncia, um representante do WhatsApp e os autores da reportagem. Ao indeferir os pedidos, alegou que os testemunhos "de nada acrescentariam de útil e necessário ao esclarecimento dos fatos relatados na petição inicial".

Tudo levava a crer que o caso seria enterrado de vez quando, em 4 de outubro de 2019, o WhatsApp reconheceu que a plataforma tinha sido usada de forma irregular na campanha eleitoral de 2018.

Eu estava em Medellín, na Colômbia, cobrindo o Festival Gabo — evento anual de jornalismo realizado pela fundação do escritor Gabriel García Márquez —, do qual também participaria. Estava sentada ao lado de Cristina Tardáguila, fundadora da Agência Lupa, na plateia do painel "Como manter a integridade em época de eleições", integrado por Ben Supple, gerente de políticas públicas e eleições globais do WhatsApp.

Apesar de o Brasil ser o segundo maior mercado do aplicativo, até hoje a empresa não tem um diretor-geral baseado no país. Quase tudo é decidido na sede, nos Estados Unidos, e as solicitações seguem caminhos tortuosos. Todas as nossas tentativas de contato no Brasil haviam sido um tormento. Era evidente a resistência em ceder informações detalhadas à imprensa.

E eis que, no meio de uma conferência de jornalismo, um porta-voz do WhatsApp tinha um surto de sinceridade e admitia que campanhas eleitorais brasileiras de 2018 haviam se servido do uso pesado de disparos de mensagens, com sistemas automatizados contratados de empresas: "Na eleição brasileira do ano passado houve a atuação de empresas fornecedoras de envios maciços de mensagens, que violaram nossos termos de uso para atingir um grande número de pessoas", afirmou Supple.

Levei um susto e me virei para Cris Tardáguila. Nós duas arregalamos os olhos. "Ele falou isso mesmo que acabamos de ouvir?"

Durante meses, o máximo que a plataforma externara fora ter bloqueado contas ligadas às agências, e só. Quando fizemos as primeiras denúncias da prática de disparos em massa para disseminar propaganda e desinformação na campanha de 2018, muita gente disse que isso não existia. Não havia nenhuma automação, nenhum software contratado, afirmavam políticos e integrantes de campanha, era tudo "orgânico", fruto de apoiadores espontâneos.

E agora a informação nos chegava praticamente de mão beijada. No mesmo evento, Supple condenou os grupos públicos acessados por meio de links que distribuem conteúdo político. "Vemos esses grupos como tabloides sensacionalistas, nos quais as pessoas querem espalhar uma mensagem para uma plateia e normalmente divulgam conteúdo mais polêmico e problemático", disse. "Nossa visão é: não entre nesses grupos grandes, com gente que você não conhece. Saia desses grupos e os denuncie." A maioria dos grupos públicos de WhatsApp era de apoio a Bolsonaro.

O executivo ainda afirmou que a plataforma desencoraja "o uso dos grupos como listas de transmissão" de conteúdos, como ocorre com muitos apoiadores de políticos. "O WhatsApp foi criado para abrigar conversas orgânicas, entre famílias e amigos." Alguém perguntou se o uso do WhatsApp por campanhas políticas violava as regras do aplicativo. "Não viola desde que se respeitem todos os termos de uso [que vedam automação e envio maciço]. Todos estão sujeitos aos mesmos critérios, não importa se quem usa é um candidato à Presidência ou um camponês do interior da Índia", ele disse. Reconheceu a influência do aplicativo em processos eleitorais. "Sabemos que eleições podem ser vencidas ou perdidas no WhatsApp", afirmou, e acrescentou que a empresa havia despachado equipes para acompanhar as eleições na Índia, na Indonésia e no Parlamento Europeu no primeiro semestre de 2019.

"Sempre soubemos que a eleição brasileira seria um desafio. Era uma eleição muito polarizada e as condições eram ideais para a disseminação de desinformação." Com essa declaração, Supple admitiu que a plataforma já esperava que as eleições brasileiras de 2018 fossem palco de campanhas de desinformação. "No Brasil, muita gente usa o WhatsApp como fonte primária de informação e não tem meios para verificar a veracidade do conteúdo."

A empresa vinha adotando uma série de medidas para bloquear contas que violam as normas ao fazer envio automatizado ou maciço e estava banindo 2 milhões de contas por mês, ele disse. Desde janeiro de 2019, quando o número de reencaminhamentos de uma mensagem foi limitado a cinco, o número total de reenvios caiu 25%.[24]

Será que finalmente as investigações começariam a andar? Ainda era improvável que decidissem abrir a caixa-preta de 2018, mas pelo menos as pessoas estavam despertando para o perigo do uso de redes sociais nas eleições.

Em dezembro, com um ano de atraso, o TSE passou a proibir o envio em massa de mensagens pelo WhatsApp. Uma resolução publicada em 18 de dezembro de 2019 barrou o "disparo em massa de mensagens instantâneas", além de responsabilizar aquele que difundir informação falsa na campanha.

Quando publicamos as primeiras denúncias, em 2018, o próprio TSE não sabia a diferença entre impulsionamento — estratégia para ressaltar propagandas e postagens no Facebook e Twitter, negociada diretamente com as plataformas — e disparos em massa no WhatsApp — sob a responsabilidade de agências de marketing contratadas pelas campanhas ou por apoiadores, que não envolvem pagamento direto ao WhatsApp.

Naquele ano, o ministro do Supremo Tribunal Federal Luís Roberto Barroso determinou que Google, Facebook, Twitter, Instagram e WhatsApp informassem todas as transações "de impulsionamento de conteúdos na rede mundial de computadores em favor do candidato eleito à Presidência da República, sr. Jair Messias Bolsonaro, com o detalhamento individual de cada uma das operações". A determinação estava equivocada: os disparos de WhatsApp estavam sob a responsabilidade das agências, não da plataforma, e eram encomendados por apoiadores, não pela campanha.

A nova regulamentação do TSE, anunciada em dezembro de 2019, passou a abordar várias dessas armadilhas da propaganda política na internet. "É preciso fazer distinção entre impulsionamento e disparo. Impulsionamento é definido pela legislação eleitoral como atividade contratada e mediante pagamento. WhatsApp não faz impulsionamento, e os termos de uso vedam expressamente os disparos em massa", afirmou Thiago Sombra, representante do WhatsApp, durante uma audiência pública do dia 27 de novembro de 2019, que tratou da resolução do TSE.

Foi o próprio WhatsApp, ao lado de Facebook, InternetLab e SaferNet, que pediu que a legislação contivesse um veto expresso aos disparos em massa. "A maior contribuição que o WhatsApp quer dar a essas eleições se relaciona ao artigo 34, que veda a propaganda eleitoral via telemarketing. Nossa sugestão é que se estenda [a proibição] a ferramentas que ofereçam mensagens eletrônicas em massa automatizadas ou através de spam", disse Sombra, e a sugestão foi incorporada à resolução. Segundo ele, a empresa espera que "a legislação eleitoral coíba o uso de ferramentas de mecanismos de disparo em massa para evitar o que vimos em termos de desinformação". A resolução também proibiu a utilização, doação ou cessão de dados pessoais de clientes de empresas em favor de candidatos, de partidos políticos ou de coligações e a venda de cadastro de endereços eletrônicos — algo que já estava banido.

Se, na época, o TSE tivesse pedido, e o WhatsApp tivesse fornecido, os telefones que foram banidos pela plataforma durante a campanha por uso irregular (disparo em massa), seria possível identificar de onde vinha ao menos parte desses disparos, a partir do IP, que seria cruzado com informações das operadoras de telefonia.

Outro ponto importante da legislação foi estabelecer que candidatos, partidos e coligações terão o dever de verificar o conteúdo de que vão se servir na campanha, mesmo que produzido e divulgado por terceiros, como sites de notícias. A novidade, conforme explicou em reportagem Reynaldo Turollo Jr., é que o candidato passaria a ser responsável pela informação falsa e o ofendido teria direito a resposta.[25] "A utilização, na propaganda eleitoral, de qualquer modalidade de conteúdo, inclusive veiculado por terceiros, pressupõe que o candidato, o partido ou a coligação tenham verificado a presença de elementos que permitam concluir, com razoável segurança, pela fidedignidade da informação", diz um dos artigos da resolução aprovada.

A regulamentação do TSE tenta suprir várias lacunas. A propaganda eleitoral havia migrado em massa para o meio digital, mas a legislação continuava analógica. Como descreveu Diogo Rais, professor de direito eleitoral do Mackenzie e coordenador do livro *Direito eleitoral digital*, "não podíamos mais equiparar um post a um panfleto".[26]

Era tarde, mas ao menos tinham adotado legislação que poderia ser aplicada nas próximas eleições. Se será fácil fiscalizar e se serão céleres em punir disseminadores de desinformação, aí já são outros quinhentos.

No final de 2019, a CPMI das Fake News começou a esquentar. Essa comissão parlamentar de inquérito havia sido criada em julho do mesmo ano para investigar ataques cibernéticos, campanhas de desinformação e o uso de perfis falsos para influenciar os resultados das eleições de 2018.

Alguns legisladores que romperam com o bolsonarismo, como os deputados Joice Hasselmann e Alexandre Frota, denunciaram o uso de verbas públicas para financiar milícias digitais. Afirmaram que deputados bolsonaristas e integrantes do Executivo utilizavam verba do gabinete para pagar assessores empenhados em caluniar opositores e jornalistas on-line.

Em fevereiro de 2020, a comissão começou a interrogar donos de agências de marketing citados nas reportagens e funcionários das empresas, como a Yacows.

E foi aí que apareceu a foto.

Um funcionário de uma das agências encaminhou à CPMI várias imagens que mostravam caixas com chips de celulares sobre mesas, aparelhos conectados a um computador e com o WhatsApp Web aberto, além de fotos de monitores com registros de sistemas internos da companhia. Em uma das fotos, era possível ler o início da frase "URGENTE: MARCELO ODEBRECHT". Não dá para discernir o resto da mensagem, mas, durante a campanha de 2018, houve um disparo de mensagem contra Fernando Haddad relativo à delação do empresário, que dizia: "Urgente — Marcelo Odebrecht delata Fernando Haddad recebeu propina grossa via Palocci (acabou a farsa)". E houve vários outros disparos semelhantes sobre a delação do empresário baiano, que denunciou vários políticos do PT na investigação da Lava Jato. Ora, a legislação eleitoral proíbe mensagens negativas ou comentários na internet que ofendam ou prejudiquem um candidato. O conteúdo deve ser exclusivamente sobre o candidato que contratou o serviço. É vedado qualquer tipo de ataque a adversários.

A mensagem que estava sendo disparada só ficou legível após um dos assessores da CPMI aumentá-la muitas vezes. Provavelmente, nem quem encaminhou as fotos havia reparado no teor da frase.

O dono da Yacows, Lindolfo Alves Neto, depôs à CPMI e reconheceu que as fotos haviam sido tiradas dentro da sede da agência. No entanto, ao ser confrontado com a imagem que trazia a mensagem com ataques à campanha petista, disse desconhecer o conteúdo. E também não revelou quem tinha pagado por essas mensagens contra Haddad. Mas imagino que não seja alguém que quisesse a vitória do candidato.

Como escreveu o colunista Reinaldo Azevedo, do UOL, as reportagens haviam tocado "o cancro do esquema que colaborou para levar Bolsonaro à Presidência da República. [...] Ainda que outros partidos — sim, também o PT — tenham recorrido a impulsionamentos de WhatsApp, é evidente que ninguém construiu uma máquina tão eficaz e azeitada como o bolsonarismo".[27]

O funcionário que encaminhara as fotos comprometedoras para a CPMI era Hans River do Rio Nascimento. Aquele que nos passara a planilha, as trocas de mensagens e fotos mostrando os envios em massa de mensagens da Yacows durante a eleição.

Nascimento havia sido convocado para depor na CPMI em fevereiro de 2020 e encaminhara aos deputados uma série de documentos. Fez um depoimento defendendo Bolsonaro. Em seu testemunho à CPMI, ele me acusou, em rede nacional, de oferecer sexo em troca de informações.

2. ASSASSINATO DE REPUTAÇÕES, UMA NOVA FORMA DE CENSURA

O vídeo se chama "Jornalista da *Folha*".

Uma prostituta se aproxima de um carro e se debruça na janela do passageiro para abordar o motorista.

"Bora se divertir, gato?", ela diz.

"Quanto é que você está cobrando?", o motorista pergunta.

"Depende do que você quiser, meu amor."

"Você faz serviço completo?"

"Experimenta, depois você me fala."

"Tá ótimo... eu só preciso de um furo... um furinho pra mim tá bom."

"Eu tenho três, meu amor, escolhe o que você quiser."

"Sou eu que escolho, é, sua safada?"

"É... Fala aí, qual dos furos você vai querer, hein?"

"Eu quero um furo de reportagem, sua safada... Um furinho bem gostoso... Você só manipula notícia ou você também cria notícia falsa do zero? Uma outra coisa que eu também estou precisando é de uma fonte falsa, aquela que inventa história mesmo e se for preciso ela até vai depor se for intimada."

A prostituta faz cara de ofendida.

"Como é que é?"

"Furo de reportagem, fake news, quanto é que você está cobrando?"

"Eu não faço esse tipo de coisa."

"Você não é jornalista da *Folha*?"

A prostituta fica ultrajada.

"Do que é que você me chamou?"

"Jornalista da *Folha*."

"Olha aqui, eu sou prostituta, seu babaca. Jornalista da *Folha*? Era só o que me faltava. O meu trabalho é um trabalho digno, eu não destruo a vida das pessoas! Serviço completo, né? Agora eu estou entendendo, serviço completo. Eu faço, sim, serviço completo, mas isso eu não faço, porque eu tenho dignidade, seu idiota! Sai daqui!"

Esse vídeo, postado em fevereiro de 2020, teve mais de 278 mil visualizações no canal Hipócritas do YouTube, com 803 mil inscritos. Em uma das dezenas de páginas bolsonaristas no Facebook, a do Movimento Conservador, foram 615 mil visualizações. Um dos donos do Hipócritas, Augusto Pires Pacheco, foi secretário parlamentar da deputada Carla Zambelli, uma das mais ferrenhas defensoras do governo Bolsonaro.

O canal alega que faz humor. A "piada" era comigo, e ofendia todas as mulheres.

Em palestras e aulas, sempre me perguntam das dificuldades que uma mulher enfrenta para cobrir conflitos ou guerras ao redor do mundo. Costumava responder que, na nossa profissão, ser mulher mais ajuda que atrapalha. Somos quase 50% da população mundial e temos o privilégio de poder conversar livremente com outras mulheres, entrar na casa delas, ter um pouco mais de contato com seu dia a dia, mesmo em países mais conservadores — ao contrário de jornalistas homens. Além disso, muitas vezes somos vistas como "café com leite", um preconceito que revertemos a nosso favor — já que não representamos ameaça, fica mais fácil transitar em lugares difíceis.

Acredito que, em muitas das reportagens que tive a oportunidade de fazer — desde a cobertura de conflitos na Síria, Líbia, Iraque e Afeganistão, até a epidemia de ebola em Serra Leoa e temas difíceis como estupro e agressões contra refugiados —, ser mulher agiu a meu favor. Acho que me ajudou a pelo menos tentar ter mais empatia e me pôr no lugar de todas essas pessoas que tentam sobreviver em circunstâncias muito difíceis.

No Brasil, estamos descobrindo que ser mulher e jornalista nos transforma em alvos.

Em fevereiro de 2020, várias imagens ofensivas como esse vídeo começaram a circular nas redes sociais. Em uma delas, uma mulher aparece nua, de pernas abertas, em cima de uma pilha de notas de dólar. Em outra, o rosto dessa mesma mulher aparece com a legenda: *"Folha da Puta* — tudo por um furo, você quer o meu? Patrícia, Prostituta da *Folha de S. Paulo* — troco sexo por informações sobre Bolsonaro". E tem uma em que essa mulher — sempre a mesma — aparece com a frase: "Ofereço o cuzinho em troca de informação sobre o governo Bozo".

Peço desculpas pelas palavras grosseiras, mas estou apenas descrevendo alguns dos incontáveis memes que passei a receber todos os dias, compartilhados por milhares de pessoas por WhatsApp, Facebook, Twitter e Instagram. São o meu rosto e o meu nome que estão nesses memes.

Tem gente que acha graça. Como disse um blogueiro governista, isso não é um ataque a jornalistas, é apenas uma maneira de tirar sarro, "que falta de senso de humor". Um humorista que imita o presidente Jair Bolsonaro, Márvio Lúcio, o Carioca, também se matou de rir e ainda debochou das reações, imitando choradeira.

Será que esse pessoal acharia graça se essas "piadinhas" fossem com a irmã, a mulher ou a filha deles?

Todo esse linchamento virtual começou depois que Hans River do Rio Nascimento deu um depoimento à CPMI das Fake News.

Essa comissão parlamentar mista de inquérito — na prática, uma investigação no Congresso, com poder para convocar testemunhas e quebrar sigilos fiscal e telefônico — foi instalada em julho de 2019 por políticos de oposição a Bolsonaro. O objetivo formal da comissão era investigar o uso de perfis falsos para influenciar os resultados das eleições; ataques cibernéticos que atentam contra a democracia e o debate público; a prática de *cyberbullying* e o aliciamento de crianças para cometer crimes ou suicídio.

A atuação cada vez mais agressiva do chamado "gabinete do ódio", promovendo linchamentos virtuais de qualquer um que se opusesse ao governo, estava incomodando muitos políticos. Além disso, a oposição queria apurar os disparos em massa por WhatsApp e a disseminação de fake news durante a campanha de 2018, revelados em nossas reportagens.

Desde o início os bolsonaristas quiseram brecar as investigações. O senador Flávio Bolsonaro dizia que a CPMI era "palanque político", que não existiam robôs, só voluntários. Um deputado da tropa de choque bolsonarista, Filipe Barros, do PSL, logo entrou com um mandado de segurança pedindo ao Supremo que suspendesse a comissão. Não deu em nada.

Em 4 de setembro de 2019, começaram os trabalhos da CPMI, com duração prevista de 180 dias. Em 2 de abril de 2020, no entanto, seus integrantes conseguiram votos suficientes para prorrogar as investigações por mais 180 dias, até 24 de outubro. De novo, apoiadores do governo tentaram barrar a investigação — o deputado Eduardo Bolsonaro entrou com ação no Supremo para bloquear a prorrogação, e perdeu. Para azar de Eduardo, o Zero Três, a ação foi parar nas mãos do ministro do STF Gilmar Mendes, um dos alvos preferenciais do gabinete do ódio. Mas os bolsonaristas não desistiram de melar tudo. Em maio, entraram com ação para suspender os trabalhos da comissão, anular depoimentos e derrubar seu presidente, senador Angelo Coronel (PSD). De novo, para azar dos governistas, a análise da ação coube a Gilmar Mendes.

Foi no decorrer dos trabalhos da CPMI que Nascimento, ex-funcionário da Yacows, foi convocado a depor. Em 12 de fevereiro de 2020, ele contou diversas mentiras em seu depoimento. Afirmou, por exemplo, que eu simulara interesse por um suposto livro dele para conseguir entrevistá-lo. "Falei 'pô, tô lançando um livro aí. Esse livro vai ser bacana'. De repente, essa jornalista entrou em contato comigo, falando a respeito do meu livro. Eu fiquei até assim, falei 'bacana, vai me entrevistar, vai querer saber sobre meu conteúdo, né'."

Eu tinha comigo todas as trocas de mensagens por WhatsApp e áudios de nossas conversas. Da primeira vez que o havia procurado, mandei mensagem dizendo: "Oi Hans, tudo bem? Meu nome eh Patrícia, sou jornalista da Folha de São Paulo. Estou fazendo uma matéria sobre empresas de marketing digital. Vi um processo trabalhista que vc está movendo, acho que posso te ajudar e vc pode me ajudar. Podemos falar?". Não mencionei livro nenhum. Ele respondeu: "Tenho muito o que falar sobre".

A certa altura de seu depoimento, Nascimento recorreu a um dos mais manjados clichês machistas: acusar uma mulher de oferecer o corpo para obter vantagens.

Eu vou deixar mais claro, mas muito mais claro, porque eu acho que eu não fui muito direto nessa situação da jornalista. Ela queria sair comigo e eu não dei interesse para ela. Ela parou na porta da minha casa e se insinuou para entrar na minha casa, com o propósito de pegar a matéria. Ela se insinuou para entrar, e eu ainda falei que não podia entrar na minha casa. Ela queria ver o meu computador, que inclusive eu trouxe para cá. Não está aqui, eu trouxe para o flat em que a gente está. E quando eu cheguei na *Folha de S.Paulo*, quando ela escutou a negativa, o distrato que eu dei e deixei claro que não fazia parte do meu interesse, a pessoa querer um determinado tipo de matéria a troco de sexo, que não era a minha intenção, que a minha intenção era ser ouvido a respeito do meu livro, entendeu?

Algumas horas depois do depoimento, publicamos uma reportagem que, com provas concretas, contestava de forma cabal o que ele havia dito. As entrevistas tinham sido gravadas, com a permissão dele; as fotos e a planilha que ele mandou haviam sido salvas, assim como todas as trocas de mensagem. Essas provas revelavam que o depoente faltara com a verdade em diversos pontos.

Conforme mostra reprodução da conversa por WhatsApp, Nascimento havia me proposto um encontro. "Se vc estiver a vontade, vamos se ver, e conversamos. Amanhã tenho show às 16h, quando sair do palco te aviso". Respondi, educada, dizendo apenas "O.k.". Ele insistiu numa resposta: "O.k., vamos se ver? O.k., vai esperar eu sair do show? O.k., nada?". Ignorei, não respondi e não fui a seu encontro. No dia seguinte, ele voltou à baila e mandou uma mensagem com um ponto de interrogação. "?" Respondi que não poderia encontrá-lo e completei: "Vamos falando pelo zap? Amanhã vou acabar de escrever a matéria e devo ter dúvidas".

Quer dizer, ele havia me convidado para um encontro, eu o ignorei, e ele teve a pachorra de dizer em uma CPMI, onde mentir é crime, que eu havia oferecido sexo e ele tinha rejeitado. Tudo isso transmitido ao vivo pela TV.

Todas essas provas foram anexadas ao processo que estou movendo contra ele por danos morais.

Nada disso importou. O deputado Eduardo Bolsonaro logo tratou de espalhar todas essas calúnias. Fez vídeo ecoando a mentira e postou nas redes sociais. Reproduziu as ofensas de Nascimento em diversos comentários em sua conta do Twitter, que tem 2 milhões de seguidores. Fez questão de subir na tribuna da Câmara dos Deputados e dizer, enquanto era filmado: "Eu não duvido que a sra. Patrícia Campos Mello, jornalista da *Folha*, possa ter se insinuado sexualmente, como disse o sr. Hans, em troca de informações para tentar prejudicar a campanha do presidente Jair Bolsonaro".[1]

Passados sete dias, quando mais provas haviam sido publicadas comprovando as mentiras da testemunha, o presidente Bolsonaro levantou o assunto, sem sequer ser perguntado, em uma das coletivas improvisadas na frente do Palácio da Alvorada. "Ela [repórter] queria um furo. Ela queria dar o furo", afirmou, diante de um grupo de simpatizantes. Após uma pausa para as risadas dele e dos apoiadores, o ex-capitão concluiu a frase: "A qualquer preço contra mim".[2]

Recebi milhares de mensagens agressivas pelo Facebook, e-mail, Instagram e Twitter. Muitos nem se davam ao trabalho de esconder a identidade, mandavam de suas contas pessoais.

"Você tava querendo dar a buceta para ver o notebook do cara kkkkkkk então você chupa piroca por fontes?", dizia um usuário do Facebook chamado Bruno Pires, que, segundo sua conta na rede social, estudou direito na Universidade de Rio Verde.

"Puta do caralho, por que você não libera seus comentários? Quem tem cu, tem medo", disse um Luciano Marrtins, de Santo André, em mensagem enviada por Facebook.

"Linda, deixa te perguntar, você raspa os pelinhos?" Essa foi a mensagem de uma pessoa identificada como Gilberto Veiga, que em seu perfil no Facebook tinha uma foto da mulher com o filho pequeno.

Até um legislador, eleito pelo povo brasileiro, sentiu-se autorizado a ofender. "Se você acha que está na pior, lembre-se da jornalista da Folha de SP que oferece SEXO em troca de alguma matéria para prejudicar Jair Bolsonaro. Depois de hoje, vai (sic) chover falsos informantes pra cima desta senhora. Força, coragem e dedicação Patrícia, você vai precisar", disse em sua conta oficial do Twitter o deputado André Fernandes, do Ceará. O tuíte está lá até hoje.[3] O parlamentar foi recebido em um almoço com o presidente Bolsonaro uma semana depois e publicou na rede social uma foto ao lado dele, os dois sorridentes.

Também estou processando Fernandes por danos morais.

Ao amplificar a ofensa, o presidente dava sinal verde para milhares de pessoas me ofenderem, legitimava ataques sexistas contra mulheres. "E aí, putinha da Folha, kkkkk, cuidado ao oferecer o furico", disse o usuário matheus.schuler, no Instagram. "Queria dar o furo em troca de reportagens, quenga, agora quer dar uma de vítima... toma vergonha vagaba, procura outra pessoa pra vc dar esse furo, ou furico", dizia uma mulher (!) que se identificava como PalomaSolna23 no Instagram.

Um dia depois da declaração de Bolsonaro, um vereador de Belém, Joaquim Campos, não viu nada de mais em me chamar de "vagabunda" em discussão na Câmara de Vereadores. Posteriormente, postou comentário em suas redes sociais: "Também não concordo com os vereadores de esquerda da Câmara Municipal de Belém, que ao invés de estar discutindo os problemas do município (que não são poucos), estão mais preocupados com o que o presidente Bolsonaro fala ou deixa de falar. Como também não concordo que trocar informações por sexo seja JORNALISMO".[4] E também escreveu em sua conta do Facebook: "Se me referi à tal jornalista da Folha de S.Paulo que insinuava sexo em troca de furo de reportagem, se foi ofensivo, tomaria a mesma atitude com qualquer outro profissional".[5]

Campos foi afastado do programa que apresentava na TV Band do Pará. O partido a que ele estava afiliado, Podemos, o expulsou. E o governador do Pará, Hélder Barbalho Filho, se posicionou no Twitter: "Como pai, esposo e filho, fico chocado ao ver ataques como o do vereador Joaquim Campos (Podemos) à jornalista Patrícia Campos Mello, principalmente por vir de um profissional de comunicação".[6]

Um mês depois, quando a poeira tinha baixado, Campos se filiou ao MDB, partido do mesmo governador que o havia criticado.

Não fui a primeira e não serei a última mulher a sofrer ataques misóginos por fazer jornalismo no Brasil.

Na segunda quinzena de janeiro de 2020, a repórter Talita Fernandes, da *Folha*, ouviu do presidente da República um "cala a boca" durante uma coletiva. "Fora, *Folha de S.Paulo*, você não tem moral para perguntar, não. Cala a boca", disse Bolsonaro.[7] Ele também perguntou se Talita era casada e disse que ela fazia perguntas idiotas.

Talita é uma das valentes jornalistas que são setoristas do Planalto, ou seja, encarregadas de acompanhar o dia a dia do presidente e reportar sobre suas ações. Esses profissionais são obrigados a aguentar as ofensas de Bolsonaro e da claque que o acompanha em suas coletivas improvisadas na porta do Palácio da Alvorada. Com frequência o presidente manda repórteres — homens e mulheres — tomarem "vergonha na cara".

A repórter vinha acompanhando Bolsonaro desde a campanha eleitoral de 2018. Depois das ofensas, pediu para ser afastada da cobertura diária das falas do presidente, não aguentava mais. Aquela sessão diária de humilhações a deixara abalada. Continuou cobrindo os assuntos do Planalto, mas sem precisar ir todos os dias ao famigerado "cercadinho" onde se amontoam jornalistas na porta do Alvorada.

Posteriormente, a jornalista Vera Magalhães, que já sofria ataques misóginos por seu trabalho, recebeu inúmeras agressões verbais de apoiadores e aliados de Bolsonaro após publicar uma reportagem sobre o protesto marcado para 15 de março de 2019. Em 25 de fevereiro, Vera, colunista do jornal *O Estado de S. Paulo* e âncora do programa *Roda Viva* da TV Cultura, escreveu que o presidente estava compartilhando pelo WhatsApp um vídeo convocando manifestações contra o Congresso e o Supremo Tribunal Federal. A notícia teve enorme repercussão, parlamentares e juízes condenaram a ação, vista como um ataque frontal às instituições.

Num primeiro momento, o presidente respondeu à publicação dizendo que se tratava apenas de mensagens de "cunho pessoal".[8] Depois atacou Vera, mentindo que o vídeo era uma convocação para uma manifestação de 2015 (não era, pois incluía menção à facada que ele levou em 2018). Por fim, afirmou que ele não era da mesma "laia" que a jornalista.[9] "Já que você é mulher, se eu falar qualquer coisa vão falar que eu estou agredindo as mulheres, tenha mais vergonha na cara", disse Bolsonaro. Vera rebateu pelo Twitter: "presidente @jairbolsonaro me atacou na live semanal e, antes, na porta do Alvorada. [...] Eu tenho vergonha na cara, presidente. E espero o mesmo do senhor. Aqui está o print que publiquei dos DOIS vídeos que o senhor enviou a seus contatos no WhatsApp neste feriado, e não em 2015".[10] Depois disso ela foi alvo de uma quantidade maciça de ofensas nas redes sociais e teve sua família exposta com a divulgação de um documento relativo à escola de seus filhos. A esse episódio se seguiram vários outros ataques de Bolsonaro e seus filhos contra a jornalista, que com frequência é objeto de memes misóginos.

A repórter Marina Dias, também da *Folha*, foi alvo de declarações agressivas e pejorativas nas redes sociais e se viu obrigada a fechar temporariamente sua conta no Twitter. Durante a campanha de 2018, Marina escreveu, em parceria com Rubens Valente, uma reportagem sobre Ana Cristina Valle, ex-mulher de Bolsonaro.[11] Para piorar, ela foi confundida com uma jornalista homônima de Belo Horizonte. Uma foto da repórter mineira circulou com a legenda "[Esta é] A 'jornalista' da Folha de SP que escreveu matéria difamando o Bolsonaro".[12] Usuários do Twitter divulgaram a conta pessoal da jornalista de Belo Horizonte, seu e-mail e telefone pessoal, e ela passou a receber ofensas.[13] Não bastasse, Marina também teve de ouvir de Bolsonaro, em uma coletiva em Dallas, em 2019, que a *Folha* não deveria contratar "qualquer uma" e que ela deveria entrar de novo "em uma faculdade que presta e fazer bom jornalismo".[14]

Em março de 2019, Constança Rezende, atualmente colunista do UOL, foi alvo de uma pegadinha, seguida de uma notícia falsa divulgada pelo próprio presidente no Twitter. Na rede social, Bolsonaro divulgou uma informação mentirosa do blog Terça Livre: "Constança Rezende, do O Estado de SP diz querer arruinar a vida de Flávio Bolsonaro e buscar o Impeachment do Presidente Jair Bolsonaro. Ela é filha de Chico Otavio, profissional do O Globo. Querem derrubar o

Governo, com chantagens, desinformações e vazamentos".[15] Segundo o texto do site governista Terça Livre, Constança teria dito que a intenção dela e da imprensa era "arruinar Flávio Bolsonaro e o governo".[16] A "matéria" se baseava em um trecho truncado de uma conversa telefônica de 23 de janeiro de 2019, em inglês, com um estrangeiro que se fingiu de estudante para armar a pegadinha. Na verdade, o que a repórter dizia era que o caso de investigação de Flávio tinha potencial para arruinar Bolsonaro, e que seria frustrante se a investigação não fosse adiante, pois o suposto crime era grave o bastante para levar ao impeachment.

Bolsonaro aproveitou para expor a vida pessoal de Constança, marcando seu pai na publicação, o também jornalista Chico Otavio, do jornal *O Globo*. Chico é um dos repórteres mais premiados do Brasil; costuma cobrir a atuação das milícias no Rio, outro tema sensível à família Bolsonaro. Constança recebeu incontáveis ligações anônimas e mensagens ameaçadoras. Na época, a Abraji (Associação Brasileira de Jornalismo Investigativo) e a OAB (Ordem dos Advogados do Brasil) divulgaram nota dizendo que "quando um governante mobiliza parte significativa da população para agredir jornalistas e veículos, abala um dos pilares da democracia, a existência de uma imprensa livre e crítica".[17] Constança continua a fazer inúmeras matérias investigativas.

Em 3 de abril de 2019, o jornal O *Globo* publicou uma matéria de Juliana dal Piva sobre o documentário *1964: O Brasil entre armas e livros*, da produtora gaúcha Brasil Paralelo.[18] A produtora realiza filmes revisionistas com a intenção de divulgar a "verdadeira história". No dia seguinte à publicação da reportagem, a repórter recebeu a mensagem "Você vai morrer", de um perfil sob pseudônimo.[19] Em diversas ocasiões, ela, que já assinou matérias investigativas sobre os filhos do presidente, é atacada com comentários do tipo "vai chupar uma rola" e "vadia".

A jornalista Míriam Leitão é também alvo constante do presidente e seus apoiadores. Bolsonaro já disse que ela mentiu sobre ter sido torturada. "Ela estava indo para a guerrilha do Araguaia quando foi presa em Vitória. E depois [Míriam] conta um drama todo, mentiroso, que teria sido torturada, sofreu abuso etc. Mentira. Mentira" — disse o presidente em um café da manhã com correspondentes estrangeiros.[20]

A jornalista foi presa e torturada, grávida, aos dezenove anos, no 38º Batalhão de Infantaria em Vitória. Foi agredida com tapas, chutes, golpes que abriram a sua cabeça, e passou pelo constrangimento de ficar nua na frente de dez soldados e três agentes da repressão, além de ficar horas intermináveis numa sala escura com uma jiboia.[21] Bolsonaro já havia zombado da tortura sofrida por Míriam, dizendo: "Coitada da cobra". Além de receber comentários misóginos nas redes, Míriam costuma ter sua imagem associada a mensagens difamatórias, como um meme que diz que ela participou da guerrilha armada e assaltou um banco durante a ditadura.

As ofensas não se restringem à grande mídia, nem às capitais do país. Quando um ataque vem do topo da hierarquia, ele funciona como uma autorização. Há casos de misoginia em câmaras de vereadores de cidades pequenas e com jornalistas de veículos independentes.

Jornalista não é notícia. Queremos nos ater ao que importa: apurar reportagens, investigar, fazer jornalismo. Críticas são sempre bem-vindas, mas dirigidas a nosso trabalho, não ataques ou deboche sobre nossa aparência, nossa família, nem tentativas de nos expor ao escárnio nas redes sociais.

Durante a ditadura militar no Brasil, jornalistas foram censurados, torturados e assassinados. A ditadura acabou em 1985. Sob Bolsonaro, presidente eleito democraticamente, a era da perseguição voltou, por meio das redes sociais e milícias virtuais. Trata-se de uma forma nova de censura, terceirizada para exércitos de *trolls* patrióticos repercutidos por robôs no Twitter, Facebook, Instagram e WhatsApp. E as jornalistas mulheres são as vítimas preferenciais. À diferença de nossos colegas homens, é muito mais corriqueiro termos dados pessoais expostos na internet, sofrermos comentários jocosos sobre nosso aspecto físico, ofensas a nossa honra e ameaças on-line que muitas vezes migram para o mundo real.

Em março de 2020, a One Free Press Coalition — uma associação de veículos de mídia como Associated Press, Deutsche Welle, *Financial Times*, Reuters, *Time* e *Washington Post* — publicou sua lista de "10 casos mais urgentes" de jornalistas sob ataque.[22] Meu nome aparece em terceiro lugar. A lista é encabeçada por Chen Qiushi, jornalista chinês que desapareceu enquanto cobria a epidemia de coronavírus em Wuhan; a ele segue-se Daler Sharifov, jornalista do Tajiquistão detido por sua cobertura investigativa — ele escreve sobre política e religião e foi acusado de "fomentar o extremismo" com textos sobre teologia islâmica e a Irmandade Muçulmana.

Meu caso é muito menos grave. Mas acho que a coalizão quis pôr em evidência o crescimento dessa nova modalidade de perseguição, o linchamento virtual, a jornalistas, mulheres em especial. As listas vêm a público em reportagens ou anúncios em todos os veículos de mídia membros da coalizão.

Lembro exatamente do momento em que soube que Nascimento estava me difamando em seu depoimento. Eram 15h12 de 11 de fevereiro quando a repórter Danielle Brant, que estava em Brasília cobrindo a sessão da CPMI no Congresso, me mandou uma mensagem pelo WhatsApp. Ela havia sido correspondente da *Folha* em Nova York e nós nos conhecíamos da redação. Temos uma relação próxima.

"Pata, você está assistindo a essa CPMI? Hoje é o tal Hans River do Rio", ela escreveu. Eu tinha acabado uma entrevista sobre outro assunto e não estava acompanhando.

Ela continuou. "Ele está falando que você entrou em contato com ele sob falsas alegações, dizendo que queria falar de um livro dele sobre música."

Não falei nada disso, disse a ela. "Vou sugerir para subirmos as gravações dele [entrevistas gravadas] junto com a sua matéria", falei. "Eu tenho todos os arquivos."

"Ele está te difamando", ela disse.

"Ele está falando agora? Continua?"

"Eu acho que é caso de acionar o jurídico... Esse homem está falando uns absurdos aqui, da *Folha* e de você, e você tem todos os registros. Está falando de você agora, está ouvindo? ELA QUERIA SAIR COMIGO. EU NÃO TINHA INTERESSE POR ELA."

Eu estava no carro, dirigindo, minhas mãos tremiam, os joelhos batiam um contra o outro. Espumava de raiva.

"A pessoa queria matéria A TROCO DE SEXO", ela relatou.

Cheguei à redação chorando. Várias pessoas já estavam me mandando mensagens. Eu só pensava: respira, fica calma, você tem todos os registros, gravações, fotos, mensagens. Vai publicar tudo.

Comecei a escrever a matéria rebatendo as mentiras e fui separando todas as provas de que dispunha. Daí a uns quinze minutos, a Danielle me escreveu de novo.

"O Eduardo (Bolsonaro) está falando de você."

"O quê?"

"Falando que você se insinuou sexualmente em troca de informação…"

"Quem???? O Eduardo????"

"O Eduardo. O Eduardo."

Não podia acreditar no que estava acontecendo. Primeiro, uma testemunha mente em uma CPMI, o que é crime. Eu já estava quebrando a cabeça tentando entender por que Nascimento havia feito isso. Ele sabia que eu tinha tudo registrado, documentado. Por que inventou essa história? Agora, um deputado, filho do presidente da República, dizia que não duvidava que eu tivesse me insinuado sexualmente.

Uma semana depois, no dia 18 de fevereiro, recebi mais uma vez péssimas notícias pelo WhatsApp. Tinha acabado de acordar quando chegou mensagem de um dos meus chefes no grupo de WhatsApp do jornal. "Bolsonaro falou da Patrícia agora." Eram 7h44.

De novo aquela sensação de soco no estômago.

Só às 8h51 é que me mandaram a transcrição da fala do presidente: "O depoimento do Hans River, foi final de 2018 para o Ministério Público, ele diz do assédio da jornalista em cima dele. Ela queria um furo. Ela queria dar o furo a qualquer preço contra mim".[23]

Eu só consegui responder no grupo: "Tô com vontade de sumir".

E aí começou o massacre, a avalanche de xingamentos e memes obscenos.

Mas o assédio sexual on-line em massa que sobreveio — legitimado e amplificado pelo presidente Bolsonaro e seu filho Eduardo — pode ter sido um divisor de águas.

Pessoas de todos os cantos do espectro ideológico, da direita à esquerda, associações cristãs, judaicas, de advogados, de mulheres empresárias, atrizes e artistas, estudantes, gente da periferia e dos bairros ricos — muita gente repudiou o desrespeito às mulheres. As ofensas não eram contra mim, eram contra a mãe, a irmã e a mulher de todo mundo.

No mesmo dia em que Bolsonaro me ofendeu no cercadinho do Alvorada, chegou ao jornal um e-mail do leitor Danilo Renato Tucciarelli, de Poços de Caldas.

Peço desculpas à repórter Patrícia Campos Mello pelos constantes ataques que tem recebido por fazer seu trabalho. E por que peço desculpas? Pela simples razão de eu ter sido um dos eleitores responsáveis pela vitória do "Sem Precedentes da República" que está aí e que, diferentemente do que eu acreditava, não é uma pessoa honesta, íntegra, educada e de valores pautados no respeito. É um sujeito sem caráter e sem ética. Sujo e covarde. Tenho mãe, esposa, irmãs e, em breve, terei uma filha. E a última coisa que desejaria que acontecesse a elas é o que vem acontecendo com a jornalista.

Várias entidades de imprensa se manifestaram. É "assustador que um agente público use seu canal de comunicação para atacar jornalistas cujas reportagens trazem informações que o desagradam, sobretudo apelando ao machismo e à misoginia",[24] foi o comunicado da Associação Brasileira de Jornalismo Investigativo, a Abraji. Políticos se manifestaram. "Dar falso testemunho numa comissão do Congresso é crime. Atacar a imprensa com acusações falsas de caráter sexual é baixaria com características de difamação. Falso testemunho, difamação e sexismo têm de ser punidos no rigor da lei", postou o deputado Rodrigo Maia, presidente da Câmara dos Deputados.[25]

O ex-presidente Michel Temer, que eu tinha

entrevistado na véspera, telefonou para manifestar solidariedade e terminou dizendo: "Siga em frente, de cabeça erguida". O apresentador e presidenciável Luciano Huck disse, em suas redes sociais, que "as fronteiras da decência" tinham sido ultrapassadas. "Respeito é a base de qualquer sociedade e pilar da democracia. Atiçar a violência contra a mulher e atacar o jornalismo independente são desserviços monstruosos. Meu apoio à mulher e jornalista [Patrícia] @camposmello."[26]

O rechaço às agressões misóginas transcendeu a polarização e não se limitou à bolha progressista. O jornalista José Luiz Datena, conservador que pilota um dos programas policiais mais vistos da TV e é grande defensor do presidente, falou longamente sobre o episódio em seu programa e se solidarizou comigo. Depois, em entrevista ao *Estadão*, criticou a atitude de Bolsonaro ao ecoar as mentiras de Nascimento. "Eu gosto do presidente como pessoa, não abro mão da amizade dele, mas acho que, como presidente da República, ele tem que respeitar os brasileiros", disse.[27]

Diogo Mainardi, comentarista conservador e um dos fundadores do site Antagonista, foi ao Twitter: "Estupro coletivo de jornalista nas redes sociais é coisa de psicopata".[28] As mulheres, em especial, se mobilizaram. As âncoras Julia Duailibi, Natuza Nery e Vera

Magalhães lideraram um manifesto de jornalistas que teve mais de 2250 assinaturas.

Na Câmara, um grupo de deputadas federais, a maioria de partidos de esquerda, fez um ato de repúdio às declarações ofensivas de Bolsonaro. Em reação a essa manifestação, Eduardo Bolsonaro subiu à tribuna e mandou uma "banana" para as deputadas, dizendo que o gesto era "em nome das mulheres". "Em nome das mulheres, uma banana. Uma banana", disse, repetindo na tribuna da Câmara gesto feito anteriormente pelo pai em direção a jornalistas no Alvorada. "Não vão nos calar. Pode gritar à vontade, mas só raspa o sovaco senão dá um mau cheiro do caramba", ele disse.[29]

Colunistas de diversos veículos falaram sobre o assunto.

O psicanalista Contardo Callegaris, em sua coluna na *Folha*, escreveu:

> Patrícia Campos Mello testemunhou os maiores dramas das últimas décadas; escreveu do Afeganistão, da Síria, do Iraque, do Líbano e de Serra Leoa durante a epidemia de ebola, em 2015. [...] A experiência de Campos Mello nas piores guerras do século deve ser insuportável para um jovem que quis ser soldado e acabou reformado sem nunca ver a sombra de um combate (salvo seus protestos por melhores salários).[30]

O diretor de Redação da *Folha*, Sérgio Dávila, em seu discurso celebrando os 99 anos do jornal, fez um desagravo às mulheres jornalistas. "Jornalistas profissionais, como Patrícia, as mulheres que fazem do jornalismo esta força vibrante de defesa da democracia e vigilância das instituições, elas trocam informação, sim", disse Dávila. "Trocam por horas extenuantes de apuração em que poderiam estar com a família ou com os amigos; por viagens em que arriscam a sua vida; por sanidade física e mental",[31] referindo-se à acusação de Nascimento de que eu queria trocar informação "por sexo".

Lembro em especial de uma mensagem que recebi pelo Facebook, no dia 25 de fevereiro. "Patrícia, sou uma empregada doméstica, que formou um filho na universidade com muito sacrifício, por isso não fiz uma universidade. Mas sou muito bem informada e me indignei com as ofensas contra você. Falei pro meu filho: gostaria de colocar ela no colo. Queria ser sua amiga virtual, você me representa, seu trabalho é maravilhoso." Obrigada, Maria Lucimar, uma honra ser sua amiga.

Essa repercussão negativa maciça colocou em xeque a estratégia de intimidação on-line de reputações que integra o manual de vários populistas. Parte da opinião não tolera mais esse tipo de ofensa.

Mas a verdade é que linchamentos virtuais funcionam como uma censura informal. Toda vez que vou escrever uma reportagem investigativa que envolve o governo, respiro fundo e imagino o que pode vir do outro lado. Será que vão ultrajar pessoas da minha família ou fazer memes obscenos? Penso várias vezes se vale a pena escrever. E suponho que muitos jornalistas estejam experimentando a mesma sensação e de alguma maneira acabem se autocensurando.

A preferência por atacar mulheres está visceralmente associada a preconceitos ancestrais. Parte dos apoiadores de líderes populistas gosta de poder se libertar do politicamente correto e se deleita com essa "licença" para dar vazão a um machismo incrustado, que muitas vezes acomete também as mulheres — é uma espécie de catarse.

Um estudo da International Women's Media Foundation e da TrollBusters[32] mostra que cerca de 63% das jornalistas já foram ameaçadas ou assediadas on-line, 58% foram ameaçadas pessoalmente e incríveis 26% foram atacadas fisicamente. Entre essas profissionais, 40% afirmaram que passaram a evitar certas matérias devido ao assédio e às ameaças. Entre as jornalistas que trabalham nos Estados Unidos e sofreram ataques on-line, 78% sustentam que a questão de gênero foi determinante para transformá-las em alvos. Entre as jornalistas que trabalham em outros países, o índice foi de 68%. "O ambiente on-line foi transformado em arma e usa a velocidade e suas redes para montar ataques sofisticados que amplificam misoginia, sexismo, racismo, homofobia e outros discursos de ódio", diz o relatório.[33] "Contas falsas e impostores no Twitter semeiam desinformação. [...] Tanto on-line como off-line, o mundo se tornou um lugar muito mais perigoso para jornalistas nos últimos cinco anos."[34]

No caso das mulheres, os ataques ganham contornos nitidamente misóginos, diz o estudo. Em geral os comentários fazem referência ao corpo ou à aparência das jornalistas; miram relações familiares ou pessoais e questionam seu rigor intelectual e suas credenciais profissionais. "Uma coisa é criticar uma matéria, dizer que a pessoa fez um trabalho ruim — isso é natural; outra coisa é fazer ameaças", me disse Gina Chen, diretora-assistente do Centro para Engajamento da Mídia na Universidade do Texas, em Austin. Segundo ela, há uma diferença sobre a natureza da crítica feita a uma profissional mulher e a um homem: "Quando querem criticar a matéria de uma jornalista mulher, as pessoas sempre se referem ao gênero, não dizem apenas 'sua reportagem é ruim', mas sim que a profissional é uma 'vaca', comentam sua aparência; se ela não tem 25 anos, chamam de velha e gorda".

O fenômeno não conhece fronteiras. Na Índia, o assédio sexual pelas redes sociais contra as jornalistas tem requintes de perversidade. Rana Ayyub é uma das profissionais que sofreram um linchamento sexual on-line brutal.

Rana havia se destacado por seu trabalho investigativo sobre a atuação das autoridades no massacre de Gujarat. Em 2002, 59 pessoas morreram depois que foi incendiado um trem cheio de hindus que voltavam de uma peregrinação. Começaram a circular boatos de que muçulmanos haviam incendiado o trem de propósito, para assassinar hindus. Uma selvageria inimaginável se seguiu. Cerca de 150 mil pessoas fugiram, mulheres grávidas tiveram fetos arrancados de suas barrigas, meninas sofreram estupro coletivo e depois foram queimadas vivas. Mais de mil pessoas, em sua maioria muçulmanos, morreram em três dias. O atual primeiro-ministro Narendra Modi, então ministro-chefe (equivalente ao cargo de governador) de Gujarat, foi acusado de omissão, uma vez que sua polícia assistiu impassível a tudo.

A jornalista fez uma série de reportagens ao longo de dezoito meses e em 2016 publicou um livro, *Gujarat Files* [Os arquivos de Gujarat], sobre o massacre, e registra a atuação de figuras como Modi e Amit Shah, hoje ministro do Interior e braço direito de Modi.

Além de ser mulher, Rana Ayyub é muçulmana. Vira e mexe ela é chamada nas redes de *"presstitute"* — trocadilho com as palavras inglesas *press* (imprensa) e *prostitute* — e de *jihadi* (jihadista, muçulmano extremista). Aliás, *presstitute* virou um xingamento frequente nas redes sociais indianas, assim como "jornazista da extrema imprensa" se tornou um xingamento comum nas redes sociais no Brasil.

Em 2018, Rana recebeu um vídeo por mensagem de WhatsApp. Mesmo habituada às investidas dos *trolls*, quando o abriu ela começou a chorar e vomitou.[35] Era um filminho pornô que, usando a tecnologia do deepfake — técnica que se vale da inteligência artificial para inserir de forma quase perfeita o rosto de uma pessoa no corpo de outra —, fazia de Rana a protagonista das cenas. O vídeo viralizou no WhatsApp, no Facebook e no Twitter e foi visto por milhões de pessoas.

Rana já havia sido tema de várias fake news. Uma conta de Twitter imitando o perfil oficial de uma emissora, a Republic TV, postou uma foto dela com o seguinte tuíte: "Estupradores de crianças também são seres humanos, não existem direitos humanos para eles? Esse governo hinduísta está condenando à morte estupradores de crianças só para enforcar um número maior de muçulmanos. Muçulmanos não estão seguros na Índia".[36] Por causa dessa notícia fabricada, ela recebeu uma enxurrada de mensagens agressivas.

Minha amiga indiana Neha Dixit, que conheci em 2014 em uma cobertura de conflitos entre hindus e muçulmanos no estado de Uttar Pradesh, é outra vítima preferencial dos *trolls* sexistas. Neha publicou reportagens sobre tráfico de crianças para campos de doutrinação religiosa do grupo extremista hindu Rashtriya Swayamsevak Sangh, RSS. Ela costuma receber mensagens com fotos de pênis e descrições que explicitam como os homens gostariam de estuprá-la com uma barra de ferro afiada. Influenciadores ligados ao governo do BJP costumam replicar os ataques de cunho sexual contra Rana e Neha.

Neha integrava o grupo que foi encontrar o vice-presidente dos Estados Unidos na tarde de 18 de novembro de 2019. Mike Pence nos esperava num salão do Eisenhower Executive Building Office, ao lado da Casa Branca. Nossa comitiva era composta dos cinco ganhadores do Prêmio Internacional de Liberdade de Imprensa de 2019 do Comitê de Proteção aos Jornalistas (CPJ), além do vencedor do prêmio Gwen Ifill de Liberdade de Imprensa, do diretor do comitê, Joel Simon, e de outros integrantes do CPJ.

Pence, à diferença de Donald Trump, já demonstrou zelar pela liberdade de imprensa, tendo sido um dos líderes da bancada de Liberdade de Imprensa no Congresso americano. Na reunião, atento, ele, que tem um aperto de mão firme e olha nos olhos do interlocutor, me escutou descrever as medidas provisórias que Bolsonaro havia baixado na tentativa de, por meio de cortes de anúncios do governo, sufocar financeiramente jornais que não agem como defensores incondicionais das políticas bolsonaristas. Contei também sobre a frequente intimidação on-line contra jornalistas, sobretudo mulheres, e como o presidente e seus filhos encorajam essas milícias virtuais.

O vice-presidente pareceu genuinamente surpreso quando relatamos as ameaças contra a imprensa em nossos países e me perguntou se o presidente Jair Bolsonaro não condenava, em público, esses ataques a jornalistas. "Condenar? Não, na verdade, ele estimula esses ataques", eu disse a Pence. E o paquistanês Zaffar Abbas acrescentou que a retórica antimídia do presidente Donald Trump encoraja os líderes populistas de Brasil, Índia, Paquistão e outras nações.

Assim como o vice-presidente americano, muitas pessoas não fazem ideia de que todas essas agressões contra jornalistas não só são toleradas pelo governo, mas também incentivadas. Pensei muito na conversa com Pence quando decidi processar o presidente da República e pedir uma indenização por danos morais pelas ofensas de cunho sexual que ele me fez em fevereiro de 2020.

Uma ação judicial pode ter caráter pedagógico.

Bolsonaro já havia mandado uma repórter calar a boca, já dissera a um jornalista que ele tinha "uma cara de homossexual terrível",[37] fizera um gesto de banana para os repórteres[38] e havia declarado em rede nacional que eu queria "dar o furo" para conseguir informação contra ele.[39] Qual seria o próximo passo? Agredir fisicamente o repórter que lhe perguntar por que o PIB frustrou as expectativas?

O processo judicial é um sinal de que não, nada disso pode ser normal.

E não adiantava mover ação apenas contra Nascimento, que mentiu. Ou contra Allan dos Santos, cujo site replicou a mentira de Nascimento[40] e estimulou as pessoas a continuar me assediando com memes, além de me acusar de ter forjado as mensagens apresentadas (que foram autenticadas com ata notarial).[41] Era preciso processar o presidente da República, que, ao repetir e endossar essas ofensas contra uma mulher, sinaliza a milhões de pessoas que isso é aceitável.

Tenho medo das retaliações que podem vir, contra mim e contra minha família. Quase desisti. Mas, se não fizesse nada, estaria tolerando o intolerável.

Como escreveu na ação a advogada Taís Borja Gasparian, "a indicação de que a jornalista teria oferecido sexo como modo de facilitar sua atividade profissional é infame e muito grave. Hans, Allan dos Santos e o presidente da República ofenderam não apenas a jornalista, mas todas as mulheres, tocando em um ponto muito sensível à sociedade brasileira, que é a violência contra a mulher". Se ganharmos as ações, vamos doar parte das indenizações ao Instituto Patrícia Galvão — Comunicação e Mídia, que atua na defesa dos direitos das mulheres.

O pior de tudo é pensar que os alvos dessas campanhas de assassinato de reputação são meras peças na estratégia de comunicação digital do governo. Os ataques são lançados para distrair as pessoas, fazer com que elas não prestem atenção em fatos realmente importantes. Tal como o americano Donald Trump, Bolsonaro é um profissional da fabricação de factoides.

No dia 4 de março de 2020, o IBGE divulgou que o PIB do Brasil havia crescido apenas 1,1% em 2019. O resultado é frustrante, muito abaixo da projeção do governo e de economistas. A oposição se agarra à notícia e começa a criticar o governo por causa do "pibinho". Dois dias depois, o presidente Bolsonaro posta em seu Twitter e outras redes sociais uma coluna minha de 2014. "Você sabe quem é essa jornalista, tão defendida por seus pares?", escreve, acima da minha foto e da coluna.[42]

O título da coluna — "Brasil marcou um golaço ao financiar Mariel"[43] — é bastante infeliz, considerando o que sabemos hoje: Cuba deu um calote no financiamento do BNDES e há investigações sobre possíveis irregularidades. Mas escrevi a coluna no exato dia — 17 de dezembro de 2014 — em que o então presidente Barack Obama anunciou a reaproximação de Cuba e Estados Unidos, que poderia pôr um ponto-final no embargo, caso o Congresso americano concordasse com a medida. Naquele mesmo dia, embarquei para Cuba a fim de cobrir os acontecimentos. No texto, eu dizia que o Brasil, com seus investimentos na ilha, estaria mais bem posicionado quando caísse o embargo. Era uma análise econômica pura e simples, sem entrar no mérito de Cuba ser uma ditadura.

Do nada, Bolsonaro posta a coluna, secundado por Eduardo Bolsonaro, que a compartilha mais de uma vez em suas redes, e também por Carlos Bolsonaro. Nada disso é aleatório. Atacar uma jornalista dizendo que ela é esquerdista, comunista ou petista é a cortina de fumaça perfeita para inflamar sua base e mudar o foco da narrativa, enterrando a notícia sobre o PIB decepcionante.

No dia 9 de março, mais uma vítima na estratégia de criar cortinas de fumaça e moldar a narrativa. Drauzio Varella sofre um gigantesco bullying digital impulsionado pelo próprio presidente Bolsonaro e seu filho Eduardo, que postam críticas ao médico em suas redes. O pecado de Drauzio? Ter abraçado num programa na TV uma presidiária transgênero sem dizer que ela havia estuprado e matado uma criança menor de catorze anos. Ele não sabia. "Enquanto a Globo tratava um criminoso como vítima, omitia os crimes por ele praticados: estupro e assassinato de uma criança. — Graças à internet livre, o povo não é mais refém de manipulações. — Infelizmente a Constituição não permite prisão perpétua para crimes tão cruéis", escreveu Bolsonaro em suas redes.[44]

No mesmo dia o presidente lança outro factoide — em visita aos Estados Unidos, afirma ter provas de que a eleição de 2018 foi fraudada e que ele ganhou no primeiro turno.[45] O assunto viraliza nas redes e eclipsa, ainda que por pouco tempo, a crise econômica que se aprofunda. Ele não mostra nenhuma prova.

No dia 12 de março, o real tem recorde de desvalorização e o dólar alcança a máxima nominal histórica de cinco reais. Uma semana antes, o ministro da Economia, Paulo Guedes, havia dito que o dólar só chegaria a cinco reais se fosse feita "muita besteira".[46]

No dia 15 de março, Bolsonaro tira selfies com apoiadores e comparece à manifestação em sua defesa, contra o Congresso e o Supremo. Ele posta o dia todo em suas redes fotos das manifestações em diversos estados.[47] No dia seguinte, enfrenta enorme reação negativa por ter apoiado manifestação contra os demais poderes e ter exposto ao menos 250 pessoas a uma possível contaminação por coronavírus. Mais de

23 pessoas que estiveram direta ou indiretamente na comitiva do presidente nos Estados Unidos tiveram diagnóstico positivo para o vírus.[48]

No dia 18 de março, seu filho Eduardo consegue pautar a imprensa e mudar o assunto ao tuitar críticas à China e à maneira como o país lidou com a epidemia. O tuíte gera reação furiosa do embaixador chinês e passa a ser o assunto do dia.[49] O diversionismo é eficiente — a base bolsonarista se inflama e passa a bater no comunismo chinês.

No mesmo dia, Bolsonaro se vale das redes para convocar um panelaço a seu favor e diluir os efeitos do grande panelaço que estava sendo divulgado por opositores. De quebra, culpa a imprensa, mais uma vez. "O jornal Hoje (TV Globo) e Veja on line, divulgam, de forma ostensiva, PANELAÇO hoje às 20h30 contra o Presidente Jair Bolsonaro. — Mas a mesma imprensa, que se diz imparcial, NÃO DIVULGA outro PANELAÇO, às 21h A FAVOR DO GOVERNO JAIR BOLSONARO."[50]

Era evidente que o insulto sexual contra mim também fazia parte da tática diversionista. No mesmo dia em que o presidente me ofendeu, 18 de fevereiro, ele havia postado em seu Twitter:

A quem interessa não haver uma perícia independente? Sua possível execução foi 'queima de arquivo'? — Sem uma perícia isenta os verdadeiros criminosos conti-

nuam livres até para acusar inocentes do caso Marielle.
— PS: quem fará a perícia nos telefones do Adriano? Poderiam forjar trocas de mensagens e áudios recebidos? Inocentes seriam acusados do crime?[51]

Essa era a principal preocupação do governo, o destino dos celulares do miliciano Adriano da Nóbrega, ligado à família Bolsonaro. Foragido havia um ano, Nóbrega era acusado de comandar a mais antiga milícia do Rio de Janeiro e tinha um histórico atrelado ao senador Flávio Bolsonaro. Ele havia sido morto dia 9 de fevereiro, na Bahia, em uma operação que envolveu as polícias baiana e fluminense e durante a qual foram apreendidos treze celulares e chips. Não se sabe que conversas e informações estavam nos telefones.

Para os esforços de moldar a narrativa, há um ecossistema de sites, blogs e influenciadores que inundam as redes sociais com as versões que querem emplacar ou os ataques à reputação do alvo da vez. Entre os mais influentes veículos bolsonaristas estão o Terça Livre, o Conexão Política, Crítica Nacional, Jornal da Cidade, Pleno News, Hipócritas (de "humor"), Renova Mídia, Movimento Brasil Conservador, República de Curitiba, Senso Incomum, além de várias contas em redes sociais, como Isentões, Bernardo Küster, Leandro Ruschel. Não difere muito da atuação dos blogs governistas na era do governo PT (O Cafezinho, Diário do Centro do Mundo, Tijolaço, Blog da Cidadania, Viomundo), mas naquela época esse ecossistema era bem menos desenvolvido, não tinha o alcance e a magnitude de hoje, e as próprias redes sociais não eram tão onipresentes.

Outra grande personalidade digital desse ecossistema é Olavo de Carvalho, o guru do bolsonarismo. O autodenominado filósofo se dedica com afinco ao assassinato de reputações e à prática do *doxxing*, a exposição nas redes sociais de informações privadas de desafetos. Como por exemplo quando, em abril de 2019, por meio de sua página no Facebook e sua conta no Twitter, ele atiçou seguidores contra o jornalista Denis Burgierman, que havia feito uma reportagem sobre seu curso on-line. Carvalho divulgou foto e endereço da casa do jornalista, e escreveu: "Alguém aí pode, por favor, averiguar se o difamador profissional Denis Russo Burgierman ainda mora neste endereço".[52]

Um dos canais de financiamento do universo digital bolsonarista é o site de crowdfunding Apoia-se. É por ele que são financiados Allan dos Santos, dono do Terça Livre, o canal Hipócritas, e muitos influenciadores. Os blogueiros governistas não revelam quem os custeia ou quanto recebem. E o Apoia-se tampouco abre esses dados. Muitos empresários repassam dinheiro a milícias virtuais via crowdfunding, com o benefício do anonimato.

Allan dos Santos nega com veemência que receba verba de publicidade para falar bem do governo e perseguir opositores. Em seu depoimento à CPMI das Fake News, em novembro de 2019, Santos afirmou: "Sou dono do maior portal conservador da América Latina e não recebo nenhum centavo do governo".[53] Reportagem que publiquei em maio de 2020, a partir de planilhas enviadas pela Secom (Secretaria Especial de Comunicação Social), atendendo a um pedido do Serviço de Informação ao Cidadão, mostra que Santos recebeu, sim, verba pública, por meio do GoogleAds.

Segundo o documento, o canal de YouTube Terça Livre TV, que pertence a ele, registrou num período de pouco mais de um mês 1447 anúncios da campanha publicitária da reforma da Previdência, bancada pelo governo federal. A cifra era muito pequena, menos de dez reais, segundo informou o Google, mas esse valor era referente apenas ao período de 6 de junho a 13 de julho de 2019 e 11 a 21 de agosto de 2019. A Controladoria-Geral da União havia determinado que o governo divulgasse um relatório para o período de 1º de janeiro a 10 de novembro de 2019, porém a Secretaria de Comunicação não seguiu a determinação.

A planilha também revelava que o governo anunciou em sites e canais que promovem o presidente Jair Bolsonaro, como o Bolsonaro TV — "canal dedicado em apoiar o presidente da República, Jair Messias Bolsonaro", conforme se descreve — e os aplicativos para celular Brazilian Trump, Top Bolsonaro Wallpapers e Presidente Jair Bolsonaro.[54]

Um dos influenciadores da guerrilha bolsonarista, Evandro Pontes, tuitou em 22 de março: "Empresários: sigam patrocinando liberais e canais de esquerda e em menos de UM ANO vcs verão o q vai acontecer com o país de onde vcs tiram dinheiro. Testem UM ÚNICO PROJETO CONSERVADOR e parem de dar dinheiro para liberais e esquerdistas. Vejam o resultado em UM MÊS. Tenho dito".[55] O empresário Otávio Oscar Fakhoury, um dos maiores apoiadores do bolsonarismo e integrante do conselho do site Crítica Nacional, respondeu: "100 pct endossado! Há muitas oportunidades para patrocínio e investimento em mídias e canais conservadores. Temos plano e projeto!".[56]

Bolsonaro também chamou para dentro de casa o esquema de milícias virtuais que ajudou a elegê-lo. Filipe Martins, aluno de Olavo de Carvalho, influenciador digital e um dos editores do site Senso Incomum, foi nomeado assessor internacional da Presidência. Dois ex-assessores de Carlos Bolsonaro, Tercio Arnaud Tomaz e José Matheus Sales Gomes, ligados aos perfis Bolsonaro Opressor e Bolsonaro Zuero, também ganharam cargos no governo federal e estabeleceram o que passou a ser conhecido por gabinete do ódio.

"Jair Bolsonaro levou para dentro do Palácio do Planalto uma 'máquina' de promover linchamentos virtuais e assassinar reputações de qualquer adversário externo ou mesmo interno", escreveu em sua conta do Twitter em 7 de março de 2019 o jornalista Marlos Ápyus.[57] Ápyus acompanha grupos bolsonaristas ou conservadores desde 2013, e ele mesmo era integrante de um movimento de direita. Ele continuou:

> Mas antes, durante e depois da campanha, observou-se um fenômeno que ia muito além da proliferação de notícias falsas. Tocado (sic) por milhares de contas, as redes sociais foram tomadas por hordas que assassinavam a reputação de alvos específicos até que a vítima restringisse o acesso aos próprios perfis, calasse sobre o tema que deu origem aos ataques ou, em casos mais graves, deixasse de fazer uso público da internet como um todo. Esse nítido ato de censura é o que chamamos aqui de "linchamento virtual". Qualquer cidadão que surja como um obstáculo ao discurso político de Jair Bolsonaro pode ser convertido em alvo de um linchamento virtual. Mas a preferência clara é por jornalistas que apresentam fatos ou opiniões incômodas.[58]

Leonardo Sakamoto, que escreve sobre direitos humanos e é ativista no combate ao trabalho escravo, é uma das personalidades reiteradamente hostilizadas nas redes. O jornalista vem sendo atacado há anos, muito antes de Bolsonaro assumir a Presidência, e já recebeu ameaças de morte que chegaram a ser investigadas pela polícia. Em 2018, as agressões on-line vieram de várias alas do bolsonarismo: de Eduardo Bolsonaro a empresários apoiadores e influenciadores. Parte afirmava que ele recebia dinheiro do PT para produzir notícias falsas, ou que era dono das agências de checagem e as direcionava contra Bolsonaro.

Rachel Sheherazade, apresentadora do SBT, também é vítima de ataques sexistas on-line. "Campanhas difamatórias, ataques em massa, ameaças de morte, ameaças contra meus filhos têm sido uma rotina desde que ousei criticar o então candidato Jair Bolsonaro, ainda no episódio da greve dos caminhoneiros em 2018", escreveu a jornalista no Twitter em fevereiro de 2020.[59] "Não me surpreendem os ataques direcionados à jornalista @veramagalhaes. São da mesma natureza — vil, covarde, decrépita e misógina — das agressões a outras colegas de profissão, como @MiriamLeitaoCom @ECantanhede e @camposmello."[60]

Reagindo às críticas de Sheherazade a Bolsonaro, Luciano Hang, proprietário das lojas Havan e grande apoiador do presidente, usou seu Twitter para pedir ao dono do SBT, Sílvio Santos, que demitisse a apresentadora. Comentando uma série de demissões de jornalistas do SBT, Hang tuitou: "O jornalismo da grande mídia está todo contaminado com ideologias comunistas que destroem o nosso Brasil. Parabéns Silvio Santos. Somos fruto do que plantamos no passado. O povo quer mudanças. Ainda falta mais gente para você demetir (sic). Raquel (sic) é uma delas".[61]

Além de jornalistas, houve inúmeros outros alvos. Em março de 2019, a cientista política Ilona Szabó, conhecida por suas posições contra a flexibilização do porte de armas e a antecipação da maioridade penal para dezesseis anos, foi nomeada pelo então ministro da Justiça, Sergio Moro, para ocupar uma cadeira de suplente no Conselho Nacional de Política Criminal e Penitenciária (CNPCP). A máquina do ódio, composta da ala mais ideológica do bolsonarismo, promoveu um massacre nas redes. "Deixa eu explicar… e se preciso eu desenho, depois explico o desenho e desenho a explicação: Ilona Szabó é INIMIGA do governo de @jairbolsonaro, não eu", tuitou Bene Barbosa, ativista que defende a liberação das armas e é amigo dos filhos do presidente.[62] Ele postou uma foto da cientista política ao lado do ex-presidente Fernando Henrique Cardoso e do bilionário filantropo húngaro George Soros. "Tudo que você precisa saber sobre Ilona Szabó está nessa foto..."[63] Soros disputa com o Foro de São Paulo a medalha de principal nêmesis da direita nacionalista. O bilionário tem uma fundação, a Open Society, que financia causas progressistas no mundo. Em abril de 2020, em pronunciamento na TV, o próprio presidente Bolsonaro atacou a cientista política, afirmando que ela "tem publicações [...] defendendo o aborto e ideologia de gênero".[64]

O general Carlos Alberto dos Santos Cruz, ex-ministro da Secretaria de Governo, também entrou na mira do gabinete do ódio. "Uma milícia digital, uma gangue de rua que se transfere para dentro da internet. Não me impressiono com isso, aquilo ali não me afeta em nada, já tive muito tiroteio real na vida, não vai ser tiroteio de internet que vai me fazer ficar preocupado", disse Santos Cruz em entrevista ao Congresso em Foco.[65] Foi, no entanto, abatido pelas milícias digitais — acabou demitido por Bolsonaro.

Os deputados Joice Hasselmann e Alexandre Frota, outrora ilustres integrantes da tropa de choque bolsonarista, romperam com o governo e são objeto frequente da sanha dos *trolls* bolsonaristas.

A máquina do ódio nos encara como meros factoides úteis. Mas o problema é que os danos colaterais dessa estratégia de diversionismo são pessoas reais, não avatares. É a nossa reputação que é assassinada, nosso rosto que está em milhões de memes, nosso nome que é enxovalhado.

Logo depois dos insultos de Nascimento e Eduardo Bolsonaro, um usuário de nome Marcelo.zarife me mandou a seguinte mensagem no Instagram: "Todo o castigo para você é pouco!!! Uma pena que seus filhos pagarão pelos seus erros, pois serão lembrados diariamente que a mamãezinha deles não passa de uma prostituta de baixo calão". Em depoimento publicado na *Folha*, escrevi um recado para ele: "Marcelo, com todo respeito que você não teve por mim, vou discordar. Ao contrário de você, torço muito para que nem eu nem nenhuma outra mãe seja alvo desse tipo de campanha difamatória".[66]

Todos sabemos que nada desaparece na internet. Daqui a dois, cinco ou dez anos, esses vídeos pornográficos ou memes com o meu rosto vão continuar na nuvem, acessíveis por um clique. E se meu filho se deparar com uma coisa dessas, vai ser bem mais difícil de explicar do que aquele vídeo postado pelo Alexandre Frota em 2018, que era "meramente" agressivo.

Aliás, ironia, o mesmo Alexandre Frota que puxava o bullying entrou com um pedido de impeachment contra o presidente em março de 2020. Entre os motivos listados no pedido está quebra de decoro do cargo "na ocasião das agressões contra as jornalistas Patrícia

Campos Mello, do jornal *Folha de S.Paulo*, e Vera Magalhães, do jornal *O Estado de S. Paulo*".[67]

Sim, o Alexandre Frota, aquele que fez um vídeo me chamando de vagabunda e sem-vergonha por ter escrito uma reportagem.

3. FATOS ALTERNATIVOS E A ASCENSÃO DE POPULISTAS NO MUNDO

"A multidão hoje era inacreditável. Eu olhei para a chuva, que não veio, terminei o discurso, fomos para dentro, quando voltamos caía um temporal. [...], e então, surpreendentemente, choveu — como se Deus estivesse olhando para gente, lá de cima."

Quando Donald Trump falou isso, achei que tivesse entendido mal.

Ele havia tomado posse naquela amanhã, no jardim do Capitólio, diante de uma multidão de milhares de pessoas. Eu estava lá, cobrindo a cerimônia, e lembrava sem pestanejar: havia começado a chover assim que Trump abriu a boca. Como ele podia dizer uma mentira dessas? Milhões de pessoas assistiram ao evento, pessoalmente ou pela TV.

Dia 20 de janeiro de 2017, dia da posse de Donald Trump como presidente dos Estados Unidos, foi um prenúncio da era da pós-verdade que começava para valer.

Trump já vinha propagando mentiras e negligenciando fatos ao longo da campanha, mas o que ocorreu naquele dia ultrapassou todos os limites. Ele mencionou o suposto milagre divino quando estava no palco do Liberty Ball, um dos bailes oficiais da posse, uma tradição em Washington.

De smoking ou de vestidos longos cheios de renda e paetês, os convidados eram mais de 2 mil. Eu era um deles — após cobrir três posses presidenciais, tinha descolado um convite e ia escrever uma reportagem contando como era a festa.

Bom, de gala mesmo, o baile não tinha nada.

As taças de plástico eram um perigo para os intrépidos convidados que tentavam tomar champanhe (a vinte dólares) — a base desencaixava ao menor descuido. Os pratos e talheres eram descartáveis. Assim como a comida: um tortellini com pimentão ou um penne com tomate, os dois insossos, mas pelo menos de graça.

Mulheres com coque bufante lambuzavam as mãos para se servir da costeleta de carneiro com molho barbecue. Homens de gravata-borboleta e boné vermelho *"Make America Great Again"* corriam atrás de elusivos espetinhos de frango. Os convidados eram doadores de campanha e alguns sortudos que conseguiram arrematar disputados convites a partir de cinquenta dólares.

A área VIP, restrita a diplomatas, patrocinadores

de peso e políticos, era boca-livre. Mas de lá não dava para ver o show que se desenrolava no salão principal. Os convidados não conseguiam prestigiar atrações como o Pelican 212, uma banda infantil do Tennessee com gêmeos idênticos que tocavam trompete.

Com requintes de crueldade, a banda The Piano Guys atacou uma versão cover da música "Fight Song" [Canto de luta], que tinha servido de hino para a campanha da candidata derrotada Hillary Clinton. Houve também o sapateado do grupo Lord of the Dance e as coreografias das Rockettes.

Celebridades eram escassas. A mais disputada para selfies era a socialite transgênero Caitlyn Jenner, que integrou o célebre reality *Keeping Up with the Kardashians*, quando então era Bruce Jenner, pai das irmãs Kardashian e ex-atleta de decatlo, modalidade que lhe rendeu uma medalha de ouro.

A organização não conseguiu nenhuma outra atração para a festa.

Mas nada disso importava. Pouco depois das nove e meia da noite, o novo presidente dos Estados Unidos, Donald Trump, era apresentado no palco. Trump chegou fazendo seu característico "joinha" com o polegar e prometeu que todo mundo "ia ser muito feliz nas próximas semanas". "Começamos essa jornada e as pessoas disseram que não tínhamos nenhuma chance, mas nós sabíamos que íamos ganhar, e ganhamos."[1]

Logo depois, ele e a primeira-dama, Melania, inauguraram o baile dançando "My Way" [Meu jeito], de Gilles Thibaut e Paul Anka, mais conhecida pela interpretação de Frank Sinatra, tocado por um grupo de jazz. (O próprio Sinatra foi MC do baile de posse dos republicanos Ronald Reagan e George H.W. Bush.)

O vice-presidente Mike Pence e sua mulher, Karen, foram dançar ao lado do primeiro casal, mas aparentemente os pares ouviam músicas diferentes. Trump e Melania dançavam música lenta, enquanto Pence e Karen pareciam acompanhar um forró. Em poucos instantes as novas famílias do poder de Washington enchiam o palco — todos os filhos de Trump e Pence dançavam com seus respectivos.

Trump parava e acenava para o público, que o aplaudia entusiasmado, e dizia: *"I did it my way!"* [Eu fiz do meu jeito], ecoando a canção, e apontava para si mesmo.[2]

Todo esse cenário combinava com o perfil antissistema e antielite intelectual que Trump havia abraçado para se eleger. De manhã, durante a posse, já estava nítido que, dali para a frente, tudo ia ser muito diferente de todos os anos Obama.

Quando Barack Hussein Obama foi empossado, em 20 de janeiro de 2009, mais de 1,8 milhão de pessoas invadiram os gramados do Capitólio e do National Mall, sob um frio de oito graus negativos, para assistir à cerimônia. Eu também estava lá. Eram negros, brancos, hispânicos, asiáticos, gays, mulheres que festejavam a eleição de um homem negro à Presidência dos Estados Unidos. Um negro cujo segundo nome era Hussein — num país onde a islamofobia se tornou disseminada após os atentados de 11 de setembro de 2001.

"Se alguém ainda duvida que a América é o lugar onde tudo é possível, [...] o dia de hoje é a resposta", disse Obama ao ser eleito.[3] Quando a cantora Aretha Franklin cantou o hino americano, olhei em volta, no gramado do Capitólio, e vi muita gente chorando. Nas ruas, as pessoas acompanhavam notícias sobre a posse em seus Blackberries e iPhones; muitas vestiam camisetas com o desenho icônico de Shepard Fairey, "Hope", e cartazes *"Yes, we did it"*.

Vi brasileiros comemorando a vitória com bandeiras do Brasil. Bruce Springsteen e U2 cantaram em homenagem ao novo presidente.

Obama assumiu com uma popularidade de 67%. Não houve protestos.

Oito anos depois, cerca de 600 mil pessoas enfrentaram uma chuva fina com capas de plástico para ver Donald Trump ser empossado presidente dos Estados Unidos. Olhando em volta, era difícil vislumbrar um negro ou um hispânico. Ouviam-se sotaques do Sul e do Meio-Oeste americano, viam-se muitos bonés vermelhos e chapéus de caubói.

Uma pastora — branca, loira e esticada — deu a bênção. Quando a cantora Jackie Evancho — branca e loira — entoou o hino americano, a multidão se emocionou. Jackie, de dezesseis anos, foi a segunda colocada no programa de TV *America's Got Talent*.

O ator Jon Voight era o orador mais famoso.

O cantor country Toby Keith, o músico mais conhecido no show no Lincoln Memorial.

A banda cover de Bruce Springsteen se recusou a tocar.

As pessoas carregavam bandeiras americanas, bonés com os dizeres *"Make America Great Again"* [Faça a América grandiosa novamente] e broches de *"I Am an American"* [Eu sou um americano].

Trump assumiu com apenas 45% de aprovação, prova da divisão dos Estados Unidos. E em seu discurso de posse, ele não se esforçou para iniciar o processo de reconciliação. Preferiu aludir a um país sinistro, cidades atormentadas por crimes, elite política no controle, fábricas desativadas. "Os políticos prosperaram — mas os empregos se foram, e as fábricas foram fechadas. O establishment se protegeu, mas não protegeu os cidadãos de nosso país", ele discursou, mirando seus antecessores e o establishment.[4] No momento mais sombrio, ele chegou a dizer que a "carnificina americana para aqui e para agora mesmo"[5] — o que teria levado o ex-presidente George W. Bush, presente na cerimônia, a comentar: *"That was some weird shit"* [Esse troço foi bem esquisito].[6]

Havia acabado a Presidência que se pretendia pós-racial, de unidade entre diferentes religiões, nacionalidades e gêneros. Tinha início um governo populista e nacionalista, que valorizava brancos cristãos e atacava inimigos externos. Um governo da pós-verdade, que valorizava versões em detrimento de fatos. A frase atribuída ao senador americano Daniel Patrick Moynihan, democrata, escrita havia quase quatro décadas, tinha sido subvertida: "Todo mundo tem direito a suas próprias opiniões, mas não a seus próprios fatos".[7]

Mal assumiu, Trump se irritou com a imprensa, ao ver notícias com fotos e números comparando a multidão presente na posse de Obama ao público que assistiu a sua cerimônia. Os repórteres são "os seres humanos mais desonestos da face da Terra", ele disse, completando: "Tivemos uma quantidade maciça de gente no gramado, vocês viram — aí eu ligo a TV e eles mostram um gramado vazio".[8]

Em sua primeira aparição na sala de imprensa da Casa Branca, o porta-voz Sean Spicer afirmou, com a cara mais normal do mundo: "Foi o maior público em uma posse, ponto. Pessoalmente e ao redor do mundo".[9] Como evidência, citava o volume maior de passageiros no metrô na posse de Trump do que na de

Obama em 2013. Dados das autoridades de trânsito, porém, mostravam que, em 2013, tinha havido 782 mil viagens, e em 2017, 571 mil. A partir desses dados, calcula-se que 600 mil pessoas tenham comparecido à posse de Trump — um terço do público da cerimônia no primeiro mandato de Obama.

"Essas tentativas de diminuir o entusiasmo da posse são vergonhosas e erradas", disse Spicer, que acusou jornalistas de "fazerem matérias falsas deliberadamente".[10] No dia seguinte, para explicar a mentira proferida pelo porta-voz, a conselheira de Trump, Kellyanne Conway, cunhava o termo tornado célebre "fatos alternativos", ao responder a um âncora da TV, Chuck Todd, que lhe perguntou por que Spicer diria uma inverdade que poderia ser desmentida. "Spicer estava fornecendo fatos alternativos", ela respondeu. Ao que Todd rebateu: "Bom, fatos alternativos não são fatos. São falsidades".[11]

As TVs e mídia tradicional em geral faziam a checagem das declarações e mostravam, com dados concretos, que eram mentirosas. Em vão. No Twitter, Facebook e YouTube, Trump e seus seguidores continuavam a espalhar a lorota de que havia sido o maior público em uma posse presidencial na história.

Spicer deixou clara a estratégia do governo Trump de ignorar a imprensa e se comunicar direto com os apoiadores. "Enquanto ele for o mensageiro desse movimento incrível, ele vai levar sua mensagem diretamente para o povo americano", disse.[12]

Logo depois da eleição de Jair Bolsonaro, no fim de outubro de 2018, fiz uma longa entrevista com Steve Bannon.[13]

Bannon foi estrategista da campanha de Donald Trump e se transformou no ideólogo dos novos tecnopopulistas. Após breve passagem pela Casa Branca, ele foi defenestrado mas continuou em contato com o presidente americano. Hoje se dedica ao The Movement, grupo que promove nacionalismo de direita no mundo, e a militar contra o Partido Comunista Chinês.

Foi amor à primeira vista entre Bannon e a família Bolsonaro.

Eduardo Bolsonaro encontrou-se com o estrategista em Nova York em agosto de 2018. Postou no Instagram uma foto ao lado dele, com a legenda: "Foi um prazer encontrar com Steve Bannon, estrategista da campanha de Donald Trump. Nós tivemos uma ótima conversa e compartilhamos da mesma visão. Ele disse que é um entusiasta da campanha de Bolsonaro, e certamente vamos manter contato para unir forças, especialmente contra o marxismo cultural".[14] Algum tempo depois, Bannon declarou apoio à candidatura de Bolsonaro: "Eu estou aqui endossando com alegria o capitão Bolsonaro e sua campanha para se tornar o próximo líder do Brasil".[15] Eduardo e o americano se encontrariam mais algumas vezes após a vitória de Bolsonaro, inclusive na festa de aniversário de Bannon. Um dos elos entre ambos era o investidor americano-brasileiro Gerald Brant, um dos primeiros bolsonaristas de Wall Street.

No início de 2019, Bannon anunciou que Eduardo seria o líder na América do Sul do The Movement, que buscava "uma agenda nacionalista e populista para cidadãos em todo o mundo".[16] "Trabalharemos com Bannon para resgatar a soberania de forças progressistas, globalistas e elitistas e para expandir o nacionalismo de bom senso para todos os cidadãos latino-americanos",[17] disse então o deputado. Mas o movimento não foi para a frente, porque não conseguiu apoio de partidos de direita na Europa, e o filho Zero Três de Bolsonaro deixou quieto.

Na primeira viagem de Bolsonaro como presidente — uma visita a Donald Trump em Washington —, Bannon voltou a se encontrar com a família presidencial. No dia 17 de março, naquela que ficou conhecida como "a Santa Ceia da direita", termo cunhado pela colega Marina Dias, o estrategista e diversos conservadores americanos se reuniram com Bolsonaro em um jantar na residência do embaixador do Brasil em Washington. Bannon sentou-se do lado esquerdo de Bolsonaro. O guru do bolsonarismo, Olavo de Carvalho, sentou-se à direita do presidente brasileiro.

O convescote teve um ar vintage: o combate ao comunismo foi o principal tema. Comunismo, na visão dos tecnopopulistas, abrange qualquer coisa à esquerda do fascismo, englobando desde a social-democracia até o neoliberalismo econômico. Outro tema onipresente foi o perigo representado pela China. Bannon, um dos mais assíduos críticos do regime comunista chinês e dos riscos representados por Pequim, é membro-fundador do Comitê sobre o Perigo Atual: China. Trata-se da mais nova encarnação do Comitê sobre o Perigo Atual criado nos anos 1950 para combater a expansão da União Soviética. O novo comitê tem como objetivo educar e informar sobre "as ameaças existenciais representadas pela China sob desgoverno do Partido Comunista Chinês".[18] Entre as tais ameaças, o comitê cita a crescente militarização da China, a guerra informacional e política contra o povo americano e a guerra cibernética. "Como a União Soviética no passado, a China representa uma ameaça existencial e ideológica aos Estados Unidos e à ideia de liberdade."[19]

Bannon falou a Bolsonaro sobre a "ameaça estratégica" representada pela China e a necessidade de reduzir a codependência com o gigante asiático. Também alertou sobre os riscos, na visão dele, de deixar a chinesa Huawei ser fornecedora de infraestrutura para o 5G, sistema de telefonia de quinta geração que está sendo implantado no mundo e chegará ao Brasil.

No jantar, com a presença do então embaixador do Brasil em Washington, Sérgio Amaral, os convidados comeram uma mousse de ovas de entrada, bife Wellington e purê de nabo como prato principal e, de sobremesa, quindim.

Entre os presentes estavam Walter Russel Mead, aclamado acadêmico conservador especializado em política externa americana, também colunista do *Wall Street Journal*, e Matt Schlapp, presidente da União Conservadora Americana — organizadora da Conferência da Ação Política Conservadora (CPAC, na sigla em inglês), a mais importante reunião anual de políticos conservadores dos Estados Unidos.[20] A conferência, aliás, foi importada para o Brasil pelo deputado Eduardo Bolsonaro, que realizou a primeira CPAC Brasil em 11 e 12 de outubro de 2019 — e imitou até a pose de Trump na reunião americana, abraçando a bandeira nacional para fotos.

Um dia antes da "Santa Ceia", Bannon fora o anfitrião de uma sessão de *O jardim das aflições*, documentário do cineasta Josias Teófilo sobre Olavo de Carvalho. Não muito tempo antes Bannon havia feito uma "peregrinação" até a casa de Carvalho, em Richmond, estado da Virgínia, e se tornara fã do brasileiro.

No coquetel organizado para a exibição do documentário, em uma sala reservada do Trump International Hotel em Washington, misturavam-se seguidores de Carvalho a alguns poucos pesquisadores conservadores e diplomatas americanos. Quando um diplomata americano, antigo conhecido dos meus tempos de correspondente em Washington, me encontrou lá, ele arregalou os olhos: "Que diabos você está fazendo aqui?". Eu ri e disse: "Consegui entrar na lista de convidados e vim cobrir o evento, oras".

Mas, obviamente, eu sabia que estava num ambiente no mínimo hostil. Mantive perfil bem discreto, porque já naquela época havia muita animosidade contra jornalistas, em especial repórteres da *Folha*, e alguns bolsonaristas nutriam raiva por mim desde as matérias sobre o WhatsApp.

Assisti ao documentário na fileira logo atrás de onde estava sentado o deputado Eduardo Bolsonaro. Ele caprichou nos superlativos ao apresentar o escritor brasileiro, dizendo que ele era "uma das pessoas mais importantes da história do Brasil": "[Ele] é uma inspiração, e sem ele Jair Bolsonaro não existiria".[21]

Quando acabou o filme, decidi aproveitar a oportunidade para conversar com Olavo de Carvalho. Fui até ele e tive que me apresentar como jornalista. "Olá, sou repórter daquele jornal que o senhor adora, podemos conversar um pouco?", disse, irônica. Ele riu. "Da *Folha*? Qual seu nome?" Assim que falei quem eu era, ele fez uma cara de susto. Mas continuou conversando, gentil, diferente de sua persona nas redes sociais.

A versão paz e amor não durou nem dez minutos. John Paul Rathbone, jornalista e colunista do jornal *Financial Times*, juntou-se a nós. Ele perguntou a Carvalho sobre o significado da visita de Bolsonaro aos Estados Unidos, e o guru disse que a ajuda americana é importante para que o Brasil não seja vendido para a China, e que os americanos vão comprar mais produtos brasileiros. Confrontado com a informação de que Brasil e Estados Unidos têm uma pauta de exportação semelhante e portanto seriam concorrentes, Carvalho afirmou: "Os dois produzem a metade dos alimentos produzidos no mundo. Podem fazer uma aliança para vender comida para todos". Rathbone lhe perguntou se isso não constituiria um cartel, e ele se pôs a gritar no meio do salão ainda lotado de gente: "Eu não chamei de cartel. Você está pondo palavras na minha boca, você está distorcendo, você é maldoso, você é um mentiroso, você é um mentiroso. […] Não quero mais falar com você, você é mentiroso", berrava.

Depois de bater boca, o guru bolsonarista saiu andando e encontrou jornalistas na porta. Perguntaram-lhe se estava otimista com o governo, e ele negou, porque a mídia inteira queria matar Bolsonaro e o presidente não tinha direito de defesa. "Isso é um golpe de Estado, vocês não estão entendendo? A classe jornalística, todos vocês", declarou.[22]

Apesar dos encontros entre Bannon e os Bolsonaro, a influência do americano sobre o governo brasileiro é superdimensionada por parcelas da esquerda. Como disse Francisco Brito Cruz, diretor do centro de pesquisa InternetLab, Steve Bannon é para a esquerda o que o Foro de São Paulo é para a direita.[23] Dois bichos-papões responsabilizados por tudo, mas com bem menos poder e influência do que acreditam conspiracionistas dos dois lados. Tanto Bannon quanto o Foro de São Paulo, cada um numa ponta do espectro ideológico, não têm poder de fogo financeiro para estar por trás de tudo aquilo que dizem.

O estrategista mantém, sim, o status de símbolo dessa nova direita populista que faz uso das redes para mobilizar o eleitorado de forma infinitamente mais eficiente do que a esquerda ou o centro. Quando o entrevistei, ele ressaltou a importância dessas mídias para a eleição de Trump e Bolsonaro. As redes sociais eliminaram o intermediário, ou *gatekeeper*, da mídia tradicional, e permitiram a confraternização do eleitorado que se sentia desprezado pelas elites intelectuais. "Se não fosse pelo Facebook, Twitter e outras mídias sociais, teria sido cem vezes mais difícil para o populismo ascender, porque não conseguiríamos ultrapassar a barreira do aparato da mídia tradicional. Trump conseguiu fazer isso, [Matteo] Salvini e Bolsonaro também", ele disse.[24]

Bannon foi vice-presidente da famigerada Cambridge Analytica (CA), empresa que protagonizou o maior escândalo da história das redes sociais. Em 2018, revelou-se que a empresa obtinha dados de milhões de pessoas por meio de aplicativos no Facebook — testes de personalidade, por exemplo — que sugavam informações do usuário e de seus "amigos" na plataforma, sem a autorização deles. No início, utilizavam o Friends API, mecanismo que franqueava a empresas a instalação de seus próprios aplicativos no Facebook para coletar dados de usuários e todos os seus amigos. Ao fazerem os testes, os usuários concordavam em permitir o acesso a seus dados (ao baixar o aplicativo, a maioria nem se dava ao trabalho de ler no detalhe as implicações desse gesto). Mas os amigos não haviam autorizado coisa alguma. Hoje, quando nos servimos do aplicativo FaceApp, que nos permite vislumbrar como será nossa aparência quando ficarmos mais velhos, consentimos que sorvam nossos dados (mas não de nossos amigos). A CA também comprava dados de empresas como Experian, espécie de Serasa americana, Acxiom e Infogroup, estes últimos gigantescos compiladores de dados das pessoas.

E o que eles fizeram com tanta informação? Em seu livro de memórias, Brittany Kaiser, que foi diretora de desenvolvimento de negócios da Cambridge Analytica, explica no detalhe como funcionava a estratégia de que se valiam.[25]

Sem que as pessoas soubessem, a empresa ia segmentando esses milhões de usuários em grupos, seguindo um método "psicográfico" que classificava pessoas em "abertas a novas experiências", "extrovertidas", "metódicas", "empáticas" ou "neuróticas". A partir desse desenho inicial, eles agregavam outras informações para criar campanhas políticas que exploravam as ansiedades de segmentos da população. Com os *dark ads*, só determinados grupos recebiam certas mensagens em suas linhas do tempo no Facebook — pessoas contra imigração poderiam ver anúncios xenófobos, enquanto ativistas ambientais se deparariam com mensagens de viés ambientalista, por exemplo. Era o *microtargeting*, o microdirecionamento.

Nas eleições de 2016, Trump explorou de forma magistral as possibilidades de usar os dados das pessoas para segmentar mensagens. A equipe de Trump testou

5,9 milhões de mensagens diferentes no Facebook. A campanha de Hillary Clinton tinha 66 mil mensagens/anúncios diferentes na plataforma.

Não só isso: a equipe do republicano contou com a ajuda de funcionários do próprio Facebook para sua campanha — possibilidade também apresentada à equipe da democrata, que recusou. Durante a campanha, Twitter, Google e Facebook ofereceram *embeds* para trabalhar na estratégia digital. *Embeds* vem da palavra inglesa *embedded*, embutidos, e eram funcionários das plataformas imiscuídos na campanha e ajudando a customizar anúncios para públicos específicos, enviar determinada publicidade conforme o local onde os candidatos estivessem fazendo seus comícios, avaliar a eficácia de certas propagandas e determinar quais fotos tinham mais apelo eleitoral no Instagram. As plataformas ofereceram essa "mão de obra" a todos os candidatos, de graça. Hillary Clinton declinou e preferiu fazer tudo com sua própria equipe, sem ajuda dos *embeds*.[26]

A CA também empregou métodos pouco ortodoxos em eleições no Quênia, onde chegou a criar um partido novo para o então candidato Uhuru Kenyatta, e na Nigéria, onde espalhou vídeos violentos intimidando eleitores. No Quênia, em 2013, Kenyatta queria dissociar sua imagem do KANU (sigla em inglês da União Nacional Africana do Quênia), partido de seu pai, Jomo Kenyatta, legenda que a população julgava muito corrupta. Então Alexander Nix, na época ainda na Strategic Communication Laboratories (SCL), precursora da Cambridge Analytica, ajudou a mobilizar a juventude para criar um novo partido, o The National Alliance, e Uhuru concorreu pela legenda — e venceu.[27]

Na Nigéria, a CA foi contratada por um bilionário apoiador do presidente cristão Goodluck Jonathan, que concorria à reeleição em 2015. Seu adversário era o muçulmano Muhammadu Buhari, que acabou vencendo. A CA distribuiu um vídeo com cenas violentas retratando Buhari como defensor da xaria, a lei islâmica, e dizendo que ele iria reprimir opositores e negociar com extremistas islâmicos. Em depoimento a legisladores britânicos, o ex-funcionário da CA Christopher Wylie relatou: "[O vídeo foi distribuído] na Nigéria com o objetivo de intimidar eleitores. Incluía cenas de pessoas sendo desmembradas, com a garganta cortada, deixadas na sarjeta sangrando até a morte. Algumas eram queimadas vivas. Era muito anti-islâmico".[28]

Brad Parscale, o estrategista digital da campanha de Trump em 2016 e diretor da campanha trumpista em 2020, nega que tenha contratado os serviços da Cambridge de forma significativa, e muitos apontam que o gasto da campanha com a consultoria foi muito pequeno em comparação com outras despesas. Mas o livro de Brittany Kaiser mostra que o trabalho de *microtargeting* da empresa foi, sim, importante.

Os principais acionistas da Cambridge Analytica eram Rebekah e Robert Mercer, bilionários que financiam causas e organizações conservadoras. Em 2016, eles fizeram vultosas doações para a campanha do republicano Ted Cruz; depois que ele perdeu nas primárias, passaram a ser financiadores de Trump, de quem inclusive não cobraram muitos dos serviços prestados pela CA.[29]

Apesar das seguidas negativas de Alexander Nix, Kaiser declara que a CA prestou serviços para o Leave.EU na campanha do Brexit, ainda que limitados.

Não está claro quão eficientes eram os métodos da CA. Hoje, grande parte de pesquisadores julga que todos esses resultados incríveis alardeados por Nix — a CA mudava a opinião das pessoas, decidia eleições — eram mais marketing do que realidade. Como disse um colega dele, Nix é o tipo de pessoa que consegue "vender uma âncora a um afogado".[30]

Há indicações de que o método é eficaz para inflamar as bases, convencer eleitores a espalhar uma mensagem ou sair de casa para votar. Mas até hoje não existem estudos que provem a capacidade real do microdirecionamento ou uso de dados para convencer uma pessoa a votar em determinado candidato.

Por ora, sabe-se que "há pouquíssimas evidências confiáveis de que esse tipo de propaganda política direcionada funciona melhor do que as técnicas que já existiam quinze anos atrás".[31]

Eficiente ou não em mudar o voto das pessoas, a manipulação jamais deve ser tolerada — primeiro, porque é um procedimento antiético e muitas vezes também ilegal, quando usa dados das pessoas sem a autorização delas. E porque a estratégia semeia tensões na sociedade, altere ou não a opinião de alguém. Ao mesmo tempo que é importante não creditar à CA poderes sobrenaturais de lavagem cerebral, não se deve subestimar a capacidade desses estratagemas de acirrar a polarização, suprimir votos e inflamar a militância mais extremista.

A campanha de Trump não se serviu das mensagens microdirecionadas apenas para empolgar segmentos específicos de seu eleitorado, mas também para manipular eleitores democratas, fazendo-os desistir de votar. Os marqueteiros do republicano apostaram na supressão de votos — o voto nos Estados Unidos não é obrigatório, e convencer as pessoas a não sair de casa para votar no oponente é tão eficaz quanto fazer com que os eleitores do candidato votem nele.

Outra estratégia da campanha de Trump foi gastar em anúncios na pesquisa do Google.

Se um usuário pesquisasse por "Trump", "Iraque" e "guerra", o resultado principal era "Hillary votou a favor da Guerra do Iraque — Donald Trump se opôs", com um link para um site do comitê de ação política com o banner *"Crooked Hillary voted for the war on Iraq. Bad Judgment!"*, acusando Hillary de ter sido a favor da guerra no Iraque e de ter péssimos critérios de decisão. Se um usuário digitasse os termos "Hillary" e "comércio", o resultado principal era "lying-crookedhillary.com". A taxa de cliques para isso foi absurdamente alta.[32]

Para completar, Trump teve uma ajudinha do governo russo — se ele estava ou não a par desse favor rendeu uma investigação do promotor especial Robert Muller, que não chegou a um resultado conclusivo. Entidades russas criaram 80 mil posts no Facebook que atingiram até 126 milhões de pessoas nos Estados Unidos em um período de dois anos. O Twitter revelou ter detectado 50 258 contas falsas russas (*bots* ou *sockpuppets*), que foram responsáveis por milhões de tuítes nas eleições americanas de 2016, a grande maioria atacando Hillary Clinton ou favorecendo o então candidato Donald Trump.[33]

"Se há uma verdade fundamental a respeito do impacto das mídias sociais na democracia é que elas exacerbam as intenções das pessoas — as boas e as más. No seu melhor, permitem que nos expressemos e tomemos iniciativas. No pior cenário, permitem que as pessoas disseminem desinformação e corroam a democracia." Quem disse isso não foi um militante contra o poder nefasto das plataformas de tecnologia: foi Samidh Chakrabarti, gerente de produtos para engajamento cívico do próprio Facebook.[34]

Após os sucessivos escândalos, a Cambridge Analytica fechou em maio de 2018. Seus métodos, porém, fizeram escola. Ainda que não seja mais possível coletar dados de terceiros no Facebook e haja uma biblioteca de anúncios políticos na plataforma revelando quem paga o quê, ainda existem inúmeros recursos para segmentar mensagens e jogar com o medo das pessoas. E tudo isso fica cada vez mais sofisticado.

P.W. Singer é coautor de um livro fundamental para entender o uso de redes sociais por esses populistas, *Like War: The Weaponization of Social Media* [Guerra das curtidas: a armamentização das mídias sociais]. Perguntei-lhe se ele achava que Bannon estivesse assessorando líderes populistas, entre eles Bolsonaro, em suas estratégias digitais:

> Eu não sei se há envolvimento direto dele. Mas definitivamente as táticas desenvolvidas pela Cambridge foram compartilhadas e adotadas em vários locais do mundo: obter imensos bancos de dados, usá-los para fazer *microtargeting* de mensagens, manipular o fluxo de infor-

mações que chega aos eleitores, enviar notícias falsas que potencializam os medos desses eleitores. Essas táticas estão se espalhando, simplesmente porque elas funcionam. É uma guerra de likes.[35]

No caso de Trump, a operação de dados de sua equipe vem se aprimorando desde 2016. "Nós transformamos o RNC [sigla em inglês para o Comitê Nacional Republicano, que arrecada fundos para a campanha de candidatos do partido] em uma das maiores operações de coleta de dados da história dos Estados Unidos", disse o diretor da campanha de Trump, Brad Parscale, durante convenção do partido em setembro de 2019.[36]

Na campanha deste ano, a equipe de Trump vai adotar uma estratégia semelhante à dos candidatos na eleição brasileira de 2018 — torpedear eleitores com mensagens.

Todas as pessoas que iam a comícios de Trump precisavam dar seu número de telefone para conseguir ingresso. Com isso, desde 2016 a campanha foi construindo uma enorme base de dados[37] que agora está sendo acionada para mandar mensagens de apoio ao republicano. Só que, em vez de utilizarem o WhatsApp, como no Brasil, vão enviar por SMS, mais popular nos Estados Unidos. Segundo Parscale, a campanha vai disparar "quase 1 bilhão de mensagens de texto, um recorde na história".[38] Como seu chefe, ele gosta de um superlativo.

Mas todas essas artimanhas tecnológicas de nada serviriam se os populistas digitais não tivessem captado, muito antes que o establishment, que uma parcela bastante significativa da população estava se sentindo excluída e ressentida.[39]

Em um capítulo para o livro *Fronteiras: Territórios da literatura e da geopolítica*,[40] discuto como a globalização popularizou a visão, fantasiosa, das pessoas como um grupo homogêneo, amorfo, indivíduos que querem o melhor para todos e buscam o bem supremo, que é a democracia liberal. Estadistas da velha guarda sempre apelam a nossos valores compartilhados, todos unidos em nome do bem comum. Já os populistas identificam um inimigo e dizem: são essas as pessoas que causam nossos problemas. Essas pessoas podem ser judeus, muçulmanos, petistas, bolsonaristas, hindus, gays, evangélicos ou o "estrangeiro" da vez.

Para a construção de coalizões de apoio, aos populistas basta identificar o outro. E sempre, sempre, o que une esses grupos é o ressentimento, a sensação de que são vítimas de uma injustiça, de que um outro grupo é protegido pelas elites e recebe mais do que merece. Décadas de políticas identitárias da esquerda colaboram para esse sentimento. Nos Estados Unidos, por exemplo, críticos apontavam que os democratas passavam tempo demais discutindo banheiros para pessoas transgênero ou anistia de imigrantes ilegais, e não falavam muito sobre aumentar o salário mínimo nos estados americanos.

Com os grupos de WhatsApp e o Facebook, pela primeira vez eleitores antes tachados de racistas ignorantes e homofóbicos recebiam notícias com que concordavam e podiam exprimir suas opiniões, sem temer sermões politicamente corretos.

Empresários à parte, o eleitor de Bolsonaro, Trump, do Brexit e da extrema direita na Europa faz parte do mesmo fenômeno: a desesperança. Esse eleitor tem a sensação de que as elites protegem minorias privilegiadas que "furam a fila" (pelo sistema de cotas, por exemplo), e ninguém pode criticar esse pessoal. "Os políticos acham que seu patriotismo é de mau gosto, suas preocupações sobre a imigração são paroquiais, suas visões sobre crime são extremas e seu apego à estabilidade no emprego é inconveniente", disse em 2016 a então primeira-ministra britânica, Theresa May.[41]

Enquanto os moderados apelam para os sentimentos nobres que nos unem, os populistas privilegiam mensagens inflamatórias que exploram o ressentimento em relação ao estrangeiro, ao "diferente", e vilanizam grupos, religiões e ideologias políticas.

O próprio Bannon afirma que Bolsonaro, assim como Trump, faz comentários ofensivos em relação a gays, negros e mulheres — que ele chama singelamente de "comentários provocativos" — para conseguir ser ouvido em meio ao barulho. "Os dois são provocadores. Eles são figuras mcluhanescas. Bolsonaro e Trump entendem o poder da comunicação de massa. Nos anos 1960, [o teórico da comunicação] McLuhan nos falou que a mídia iria se tornar parte não apenas da cultura mas também da política. E é verdade: hoje, a política é, na realidade, uma narrativa midiática."[42]

Perguntei a Giuliano Da Empoli, autor do livro *Os engenheiros do caos*, por que só políticos com ideias polarizadoras têm usado as mídias sociais de forma eficiente para manipular eleições. É simples, ele afirma: as redes sociais e o uso do Big Data funcionam melhor com mensagens e políticos de visões extremas. Políticos de centro correm o risco de entrar em extinção se insistirem em mensagens mornas, que não despertam emoção nos eleitores. "Os candidatos tradicionais, moderados, perderam o bonde dos avanços tecnológicos e também a capacidade de proporcionar emoções ou diversão a seus eleitores", disse ele em entrevista na *Folha*.[43]

O próprio modo de funcionamento das redes sociais atua de forma a não favorecer políticos — e ideias — moderados. Na política da velha guarda, quem quisesse atingir o maior número de eleitores tinha de recorrer a mensagens moderadas, com ideias que pudessem ser abraçadas pela maior parte das pessoas. No tecnopopulismo, o jogo é outro. O objetivo é identificar temas importantes para cada um e explorá-los em campanhas de comunicação individualizadas. "Se o cruzamento de dados nos diz que uma pessoa é particularmente sensível ao tema da segurança, será possível enviar a ela mensagens adaptadas (pelo Facebook, por exemplo) enfatizando o rigor de uns ou a covardia de outros sem que o grande público e as mídias saibam."[44]

Como define Da Empoli, não se trata mais de "unir eleitores em torno do denominador comum, mas, ao contrário, de inflamar as paixões do maior número possível de grupelhos para, em seguida, adicioná-los [ao grupo maior] —mesmo à revelia deles".[45]

Por trás de líderes como Donald Trump, Jair Bolsonaro, o húngaro Viktor Orbán, o britânico Nigel Farage e os italianos Matteo Salvini e Beppe Grillo, há marqueteiros que entenderam que "o populismo é filho do casamento entre a cólera e os algoritmos". "Mesmo que esses líderes e movimentos pareçam absurdos e digam despautérios, é importante entender que há uma lógica e um grande esforço tecnológico por trás", disse Da Empoli.[46]

A maioria das pessoas não tem consciência de que é constantemente manipulada por campanhas políticas e de marketing na internet —muito pouco do que ocorre hoje nas redes, seja um vídeo viral, uma hashtag, uma foto, é espontâneo. As vozes artificiais são determinantes para que alguma coisa ganhe atenção on-line. Basta observar os resultados de eleições recentes ao redor do mundo. Cerca de um terço das vozes on-line falando sobre o Brexit eram *bots*. Foi quase essa a mesma porcentagem de *bots* na eleição do México neste ano. Não há números para o Brasil.

Em 27 de abril de 2020, por exemplo, o Bot Sentinel, plataforma que monitora contas automatizadas no Twitter, apontou uma presença colossal de perfis falsos entre apoiadores de Bolsonaro. "Estamos testando nosso novo algoritmo de monitoramento de hashtags e termos tuitados por contas falsas, e há atividade significativa relacionada a termos e hashtags brasileiros. É a primeira vez que uma hashtag não americana ficou no topo da lista", escreveu no Twitter o criador do Bot Sentinel, Christopher Bouzy.[47] E quais eram as hashtags? #MaiaTemQueCair, #MaiaVaiCair e #FechadoComBolsonaro. Impulsionadas por influenciadores bolsonaristas com milhões de seguidores, pelos filhos do presidente e por políticos apoiadores do governo.

Rodrigo Maia, que tem se posicionado como

contraponto a Bolsonaro, com o qual teve embates públicos, é um dos alvos mais frequentes dessas campanhas. Maia diz que é vítima de uma "seita" encabeçada pelo filósofo Olavo de Carvalho, do gabinete do ódio do Planalto e do bolsonarismo mais radical.[48] "Há pessoas muito próximas ao governo que comandam ataques diários a muitas pessoas. Em muitos momentos, sou eu o alvo. Em outros, são o Davi [Alcolumbre, presidente do Senado], o Dias Toffoli [presidente do Supremo] e o Mandetta [ex-ministro da Saúde]", disse Maia à revista *Veja*.[49]

De acordo com a consultoria Bites, Rodrigo Maia foi alvo de 1,6 milhão de posts em 24 horas no dia 17 de abril nas redes sociais, um recorde. "O maior ataque da história contra Rodrigo Maia", dizia o relatório de Manoel Fernandes, diretor da Bites. "Durante as últimas 24 horas, a onda contra Maia se espalhou em vários pontos da internet e os fluxos se interconectaram. Era possível encontrar seus efeitos em sites de notícias, no Facebook, Instagram, YouTube, Google Brasil e em grupos no WhatsApp e no Telegram. No Instagram, a #ForaMaia alcançou 77 mil publicações em vários perfis."[50]

Fernandes descreve o modus operandi da máquina do ódio. Primeiro, o presidente concede uma entrevista a algum veículo de mídia. Influenciadores do mundo bolsonarista, incluindo os filhos do presidente, divulgam trechos da entrevista e convocam a militância a republicá-los. Uma vez que a máquina começa a rodar, contas falsas cuidam de ecoar a mensagem, subir hashtags e propagar campanhas difamatórias.

A combinação explosiva dos *bots* e dos *sockpuppets*, *trolls* ou *trollbots* é explosiva: eles ressoam vozes, teorias da conspiração e notícias falsas.

O Bot Sentinel usa inteligência artificial para detectar comportamento não autêntico de contas no Twitter — aquelas que postam um número astronômico de tuítes por minuto, não têm foto de perfil, foram criadas há pouco tempo, retuítam muita coisa, entre outros comportamentos que o algoritmo identifica.

O Twitter sempre questiona as ferramentas de detecção de *bots*; seus executivos alegam que elas não têm acesso a todos os dados de que a plataforma dispõe. Mas existe também uma razão para que as contas automatizadas não sejam excluídas da plataforma — em termos econômicos, não seria interessante perder, de um dia para o outro, milhões de usuários. Por exemplo, no fim de abril, entre as hashtags mais comentadas estava #JuntosComBolsolnaro — desse jeito, o nome do presidente grafado com uma letra ele a mais, no fim da segunda sílaba. Milhares de pessoas tuitaram a mesma hashtag errada? Segundo o Twitter, sim, foi isso mesmo que aconteceu: não foi encontrado nenhum "indicativo de comportamento coordenado inautêntico ou inorgânico relacionado à hashtag mencionada". E a plataforma ainda disse que "não é raro que hashtags com erro de digitação sejam utilizadas repetidas vezes [...], uma vez que o recurso de autocompletar pode sugerir ao usuário um termo já utilizado anteriormente ainda que esteja escrito de forma equivocada".[51] Será mesmo?

Esse tipo de ação artificial nas redes influencia a opinião pública porque leva a crer que um tema ou uma pessoa sejam populares, ou, ao contrário, que são odiados. Imagino que muitos robôs tenham ajudado a subir as hashtags #JornalistaProstituta, #PutaJornalista e #JornalistaDaOFuro, viralizadas após as declarações de Bolsonaro sobre mim em fevereiro de 2020. Até hoje, qualquer reportagem que eu venha a compartilhar nas redes sociais recebe comentários de contas sem foto, com todo jeito de serem robôs ou *trolls*. Sempre xingamentos ou hashtags ofensivas como essas, nenhuma relação com o conteúdo da reportagem postada.

Comecei a acompanhar mais de perto o tema da manipulação da opinião pública nas redes sociais em 2014, quando cobri as eleições gerais na Índia.

O primeiro-ministro Narendra Modi foi um dos primeiros a se valerem do Twitter e outras redes sociais para se comunicar diretamente com o eleitor. Em menor escala, Barack Obama já havia feito isso em 2008, ao postar vídeos no YouTube e lives no Facebook na tentativa de eliminar o filtro da mídia tradicional. E a campanha de Obama também começou a usar o Big Data, mas segmentava seus apoiadores de forma incipiente, para mobilizar ativistas e arrecadar recursos. Já Modi utilizava essas ferramentas para moldar a narrativa, muitas vezes inflamando a maioria hindu que se ressentia das concessões à minoria muçulmana. Ele foi se aperfeiçoando. Seus guerreiros cibernéticos — ou *cyber yodhas*, como são conhecidos em seu partido, o BJP — dispõem de um arsenal muito sofisticado e diversificado para conquistar votos nas redes sociais.

Amit Shah, presidente do BJP, conclamou seus *cyber yodhas* a se engajar no esforço de *microtargeting* para ajudar o candidato e a legenda política. "O primeiro passo é coletar dados de todos os programas de ajuda do governo no nível estadual e distrital. O segundo é comparar os dados com os do governo anterior. O terceiro é criar conteúdo com apelo para esses eleitores", disse Shah em julho de 2018, em Jaipur, a um grupo de voluntários e funcionários do partido, segundo o jornal *Times of India*. "Nossos guerreiros cibernéticos criaram milhares de grupos de WhatsApp para disseminar nossa missão no estado [Rajastão]. O papel deles não se restringiu a compartilhar informações, mas também a combater a desinformação espalhada pela mídia."[52]

Em Nova Delhi, por exemplo, o BJP ganhou acesso a nomes e endereços de 500 mil beneficiários de um programa federal de qualificação de jovens, o Skill India. Munido desses dados, visitou a casa das pessoas e pediu votos, além de microdirecionar mensagens de WhatsApp para esse segmento da população.

Quando fui à Índia cobrir a eleição de 2019, conversei com Shivam Shankar Singh, que trabalhou na estratégia digital e de análise de dados do BJP em Tripura e é autor do livro *How to Win an Indian Election: What Political Parties Don't Want You to Know* [Como ganhar uma eleição na Índia: O que os partidos políticos não querem que você saiba]. Um dos mais destacados evangelizadores dos perigos da manipulação por meio de redes sociais, ele me explicou como eram feitas as campanhas na Índia.

A população é segmentada em grupos específicos, como, por exemplo, mulheres cristãs, de vinte a quarenta anos, que moram em determinada região — feito o recorte, manda-se a mensagem que será a mais eficiente para esse nicho. Grande parte desses dados está disponível a qualquer um; basta proceder a uma triagem. Na Índia, as autoridades eleitorais deixam à disposição de quem se interessar listas de eleitores, com nome, idade e endereço. Com isso, é possível depreender, na maior parte dos casos, gênero, casta e religião (pelo sobrenome), e se é rural ou urbano (endereço).[53]

Listas com nomes e telefones são comercializadas ilegalmente no mercado paralelo do país, muitas vezes por funcionários das telefônicas, como ocorre também no Brasil. Para calcularem a faixa de renda da pessoa, eles consultam as contas de luz, me disse Singh. Quanto mais alta a conta, mais rica a pessoa — ela tem ar-condicionado e outros aparelhos que consomem muita energia; é ilegal, mas pode-se obter. A essas listas se agregam os programas de benefícios do governo, e pronto: os partidos têm uma infinidade de dados de cada eleitor. Depois, com acompanhamento de redes sociais como Facebook (examinando, por exemplo, os anúncios mais clicados por pessoas de certo grupo), são determinados os temas que mais reverberam em cada grupo. "Aí basta mandar uma mensagem para um grupo de homens de certa faixa etária, de uma certa casta, dizendo que, se elegerem fulano, ele vai acabar com o programa de assistência que os beneficia porque tudo irá para uma outra casta", disse Singh.

Segundo ele, ao segmentar a mensagem para grupos distintos, o BJP pôde se mostrar aos eleitores de Uttar Pradesh, estado mais religioso do cinturão hindu, como forte defensor das vacas, enquanto atenuou essa bandeira para o nordeste da Índia, onde há menos preocupação com o tema e alguns até comem carne bovina; sublinhou o aspecto religioso hindu para alguns segmentos, e o de desenvolvimento econômico para outros.[54]

O estrategista contou que, em 2014, o BJP tinha não mais de 9 mil a 10 mil grupos de WhatsApp no país. Nos anos seguintes, o partido foi armando uma estrutura maciça, de tal modo que só em um estado, Karnataka, foram montados 25 mil grupos às vésperas da eleição estadual em maio de 2018. Tanto que o diretor da divisão de tecnologia de informação do partido, Amit Malviya, afirmou ao jornal *Economic Times*, em agosto de 2018: "As eleições serão disputadas nos celulares. De certa maneira, pode-se dizer que serão as eleições do WhatsApp".[55] Ao serem bombardeados por essas mensagens, os eleitores acabam repassando para seus amigos e familiares no WhatsApp e os temas passam a fazer parte das conversas diárias, moldando a narrativa.

Vijay Chauthaiwale, diretor de relações internacionais do BJP, me disse em entrevista que o WhatsApp ainda é o instrumento mais potente de que o partido dispõe. "Temos dezenas de milhares de grupos no país, não sei precisar o número; usamos [esses grupos] para nos comunicar com apoiadores e voluntários. E o partido tem 110 milhões de filiados. Destes, entre 50 milhões e 60 milhões estão atualmente envolvidos com atividades de mídias sociais, em menor ou maior grau."[56] Ou seja, são cerca de 50 milhões de *cyber yodhas* disseminando nas redes as mensagens do partido, que não tem ônus nenhum.

Conheci um deles no dia da votação em Kalyan Puri, bairro pobre de Nova Delhi, em maio de 2019. Kishav Dev tinha 34 anos e era dono de uma lojinha de celulares. Ele me contou que passava cinco horas por dia no Facebook e no WhatsApp compartilhando notícias a favor de Modi e contra a oposição ou os muçulmanos. Vivia com a mulher, três filhos, sua mãe e sua irmã em uma casa de dois cômodos. "Tenho bastante tempo livre na loja e aproveito para ajudar nosso país nas redes sociais", ele disse. "Não compartilho nada que pareça ser fake news. Compartilho muita coisa que a mídia não mostra."[57] Dev era membro da RSS, a organização fundamentalista hindu que apoia o BJP.

Segundo a jornalista Swati Chaturvedi, muitos apoiadores e funcionários do partido são orientados a difamar e atacar nas redes sociais líderes da oposição e jornalistas. "Os *trolls* recebiam mensagens por WhatsApp com orientações sobre o que deveriam tuitar e quais as metas para elevar determinadas hashtags aos trending topics. Isso se manteve e foi ampliado durante o governo", diz Chaturvedi, autora do livro *I Am a*

Troll: Inside the Secret World of the BJP's Digital Army [Sou um *troll*: Dentro do mundo secreto do exército digital do BJP].[58] Ela mesma é alvo constante de ataques nas redes e anda com seguranças. Quando a entrevistei em sua casa, disse que não confiava nem em motoristas de táxi nem nos de aplicativos, porque muitas vezes eles eram informantes.

O tecnopopulismo indiano só decolou graças à explosão do uso da internet no país. Em setembro de 2016, o empresário Mukesh Ambani, o homem mais rico da Índia, lançou a empresa de telefonia Reliance Jio com uma oferta irrecusável: um celular com acesso a aplicativos básicos como Facebook e, mais tarde, WhatsApp (e um aplicativo desenvolvido para o primeiro-ministro Narendra Modi) por apenas 21 dólares, com seis meses de dados e ligações ilimitados. Depois que a promoção acabou, ele continuou oferecendo preços imbatíveis — por dois dólares por mês, o cliente podia fazer chamadas ilimitadas e usar 1,5 GB de dados por dia. Em apenas dois anos, a Jio se tornou a terceira empresa de telefonia do país, com 280 milhões de clientes, e quebrou vários concorrentes. Além disso, o mercado indiano foi inundado de smartphones chineses muito baratos, o que permitiu a pessoas de baixa renda comprar seus aparelhos. Resultado: o número de indianos com acesso à internet explodiu, chegando a 604 milhões.

A esmagadora maioria dos indianos acessa a internet pelo telefone. E aí veio o golpe de mestre de Modi: ele distribuiu milhões de celulares para eleitores de baixa renda, com um aplicativo pré-instalado, o NaMo, que coleta dados sobre essas pessoas e transmite mensagens políticas. Em 2018, dois governos estaduais de seu partido entregaram milhões de smartphones como parte de um "Bolsa Família Digital" para aumentar a penetração da internet nas comunidades pobres da Índia. Os aparelhos vinham com aplicativos NaMo e dos governadores do estado pré-instalados. A não ser que a pessoa impeça o acesso às informações, os aplicativos compartilham com o BJP dados do usuário que podem ser usados para direcionar de forma mais eficiente suas mensagens.

Duas semanas antes da eleição americana de 2016, estive em Youngstown, Ohio, cidade-símbolo da decadência industrial do chamado Cinturão da Ferrugem — outrora conhecido como Cinturão da Indústria —, que votou maciçamente em Trump. Sentei num boteco onde vários homens brancos de classe média baixa, alguns com as mãos e os uniformes cheios de graxa, todos com empregos mal pagos, tomavam uma cerveja. Perguntei a um deles, Mark, se ele não achava um absurdo Trump ter dito que poderia agarrar mulheres pelos genitais (ele foi flagrado em um áudio dizendo que podia *"grab them by the pussy"*) e ter mentido que o presidente Obama tinha nascido no Quênia. Sua resposta: "Ninguém morreu por causa disso, né? Ele tem uma boca grande, mas pelo menos vai enfrentar os caras lá em Washington".[59] Na era da "pós-verdade", Trump é franco (*não é mentiroso*), fala grosso (*não é grosso*), tem coragem de se insurgir contra o politicamente correto das elites (*não é desrespeitoso*).

A imprensa precisa fazer uma autocrítica: ela foi um dos fatores que possibilitaram o surgimento dessa era. Primeiro, ao praticar a "falsa equivalência". A mídia tradicional se pauta pela obrigação de sempre ouvir os dois lados e (tentar) ser equilibrada, mas às vezes incorre no que se convencionou chamar de falsa equivalência. O *On the Media*, programa da National Public Radio americana, deu um bom exemplo: "O presidente Obama afirma que nasceu nos Estados Unidos e, portanto, pode ser presidente do país; seus críticos discordam". Isso é falsa equivalência. O certo seria dizer: "Barack Obama nasceu no Havaí em 1961; o movimento *birther* nega esse fato".

Ou, para nos circunscrevermos a nossas fronteiras: "O presidente Jair Bolsonaro afirma que a cloroquina cura pacientes com covid-19. Especialistas divergem". Não, não tem nada de dois lados aqui. O correto seria: "O presidente Jair Bolsonaro afirma que a cloroquina cura pacientes com a covid-19. Vários médicos e estudos afirmam que não há dados comprovando a eficácia da cloroquina, e alguns pacientes têm problemas cardíacos por causa do remédio. Não saiam de casa para comprar cloroquina".

Nesse sentido, penso que os veículos de mídia estão encontrando caminhos. Em abril de 2020, o presidente Donald Trump (mais uma vez) chocou o mundo ao dizer uma de suas insanidades, essa com implicações para a saúde pública. Numa de suas entrevistas coletivas diárias, ele sugeriu que injeções de desinfetante poderiam ser eficientes para combater o coronavírus: como "o desinfetante derruba o coronavírus em um minuto" [tanto que a primeira recomendação é sempre lavar as mãos], "pode existir uma maneira de fazer algo desse tipo por dentro, com uma injeção, quase como uma limpeza". E ele ainda detalhou: "Porque, veja bem, ele [o vírus] entra nos pulmões e faz um estrago tremendo [...], seria interessante verificar isso. Então, será preciso ver direito, mas me parece interessante".[60]

O *New York Times*, como o resto da imprensa mundial, teve de cobrir a entrevista e relatar mais essa patacoada trumpiana. Em uma primeira reportagem, o jornal dizia que "alguns especialistas" veem a ingestão de desinfetantes como algo perigoso. Alguns especialistas? O jornal se deu conta do absurdo e logo depois postou no Twitter: "Nós apagamos um tuíte anterior e mudamos uma frase em nossa matéria que afirmava que apenas 'alguns especialistas' acham perigosa a ingestão de desinfetantes. Esclarecendo, o perigo não está em discussão".[61] Ou seja, é perigoso e ponto; é científico, não é uma questão de opinião.

O segundo erro da mídia é a importância que os veículos dão a qualquer declaração vergonhosa e chocante que esses políticos populistas fazem — seja Trump, Bolsonaro ou o filipino Rodrigo Duterte. É frequente críticos apontarem que parte da culpa pela eleição de Trump foi da imprensa americana, que cobriu cada declaração mentirosa ou ofensiva do candidato e deu destaque a seus tuítes. No Brasil, estaríamos cometendo o mesmo erro ao repercutir todas as falas de Bolsonaro.

Muitos dizem que nós, jornalistas, deveríamos não mais noticiar os comentários inadmissíveis desses líderes no Twitter, ou as ofensas que nos fazem em suas entrevistas. Afinal, isso é tudo o que eles querem: que a mídia tradicional reverbere e dê um verniz de legitimidade a esses disparates, e assim o governante continue em evidência, para além de sua bolha de fanáticos. Mas aí temos um dilema. Como esses líderes governam pelo Twitter e suas declarações impulsivas podem se transformar em leis e decretos, não podemos deixar passar despercebido. Muitas vezes até os factoides que eles lançam pelas redes sociais são importantes para entender a estratégia política que está por trás dessa tática. Claro, é preciso contextualizar e conferir, porque na grande maioria das vezes há uma série de mentiras e imprecisões. Mas não podemos nos dar ao luxo de ignorar.

Na verdade, nenhum veículo de imprensa encontrou uma abordagem que dê conta de informar sobre as ações desses governantes sem contribuir, ainda que involuntariamente, para as campanhas de manipulação da opinião pública que eles promovem. E, enquanto não conseguirmos deixar de ser megafones de caça-cliques, continuaremos de algum modo colaborando para a eleição desses populistas.

4. BOLSONARO E O MANUAL DE VIKTOR ORBÁN PARA ACABAR COM A MÍDIA CRÍTICA

"Vocês são uma espécie em extinção. Eu acho que vou botar os jornalistas do Brasil vinculados ao Ibama. Vocês são uma raça em extinção."[1]

A frase de Jair Bolsonaro ainda pertence à categoria *wishful thinking*, mas seu governo está empenhado em transformá-la em realidade. De forma geral, políticos encaram a mídia como inimiga. Não entendem por que a imprensa precisa investigar, criticar e fiscalizar os governos. O presidente vai além. Ele quer convencer as pessoas de que quem lê jornais fica "desinformado", e de que elas deveriam consumir informação diretamente das redes sociais dele e de seus apoiadores, sem filtros.

Outro dia, num raro acesso de bom humor com a imprensa, Bolsonaro aceitou receber repórteres no Alvorada para "chupar uma manga". Quando os jornalistas se preparavam para entrar no palácio, um apoiador se dirigiu a eles e disse: "Espero que vocês parem de fazer um jornalismo canalha. Espero que tenha manga com veneno para vocês".[2]

Bolsonaro segue à risca o manual húngaro "Como acabar com a imprensa independente em dez lições", obra de seu colega populista de direita, o primeiro-ministro Viktor Orbán.[3] Na Hungria, em poucos anos a mídia crítica foi dizimada. Tal como Bolsonaro, Orbán se queixava de que a mídia tradicional era injusta ao atacá-lo e tachava a imprensa independente de "fake news". Ele então resolveu o "problema": empresários ligados ao governo e a seu partido, o Fidesz, compraram a maior parte dos veículos de mídia independente, que hoje se dedicam a propagar as ideias caras a Orbán, como demonizar imigrantes e criticar o megainvestidor e filantropo George Soros.

Por mídia independente, entenda-se jornais, televisões, sites noticiosos ou rádios que não deixam de investigar um político só porque ele está no governo, não se curvam a pressões para veicular apenas notícias positivas que se encaixam na narrativa desejada pelo governante da vez, nem se transformam em porta-voz de determinado grupo.

A primeira lição do manual de combate à imprensa é sufocar a mídia em termos econômicos. Os jornais já vivem um contexto financeiro difícil no mundo. Há anos passam por uma crise em seu modelo de negócios. Poucos veículos conseguem ter lucro, mesmo com a combinação de assinaturas e anúncios on-line (que são fagocitados, na maioria, pelas grandes plataformas de tecnologia). Como disse o sociólogo Demétrio Magnoli, "os jornais converteram-se em anões na terra dos gigantes da internet".[4]

Nos Estados Unidos, entre 2013 e 2018, a receita publicitária dos jornais caiu de 23,6 bilhões de dólares para 14,3 bilhões de dólares. Em 2018, o Google, sozinho, teve 116 bilhões de dólares de faturamento publicitário, e o Facebook faturou 55 bilhões de dólares. Juntos, Google, Facebook e Amazon abocanham quase 70% do toda a receita publicitária on-line.

No Brasil, números sobre a divisão do bolo publicitário ainda não cobrem de forma abrangente o alcance dos anúncios na internet. Mas o levantamento do Cenp-Meios mostra que a participação dos veículos tradicionais de mídia vem caindo. A TV ainda abocanha a maior parte da verba publicitária — 53% a TV aberta e 7% a TV por assinatura em 2019, de janeiro a setembro. Mas a fatia encolheu: em 2017, chegava a 58,7% e 8,5%, respectivamente. Nesse ano, os jornais absorviam 3,3% do gasto em publicidade; as revistas ficavam com 2,1%; o rádio, com 4,6%, e a internet era destino de 14,8%. Em 2019, de janeiro a setembro, o gasto publicitário na internet subiu para 20,7%, o dos jornais caiu para 2,7%; revistas para 1%, e rádio se manteve estável, com 4,6%.

A queda da circulação dos grandes jornais é outra amostra da situação difícil em que se encontra a mídia tradicional. O número total de exemplares (digitais e impressos) de nove grandes jornais brasileiros — *Folha de S.Paulo, O Globo, Estado de S. Paulo, SuperNotícia, Zero Hora, Valor Econômico, Correio Braziliense, Estado de Minas* e *A Tarde* — em dezembro de 2014 era de 1712 424; em dezembro de 2019, a cifra era 1 476 303 — queda de 236 121 (13,8%).

Acrescente-se a essa fragilidade estrutural um governo aprovando legislação que ameaça a liberdade de imprensa e a viabilidade financeira dos veículos, e está criada a tempestade perfeita. Que já desabou na Hungria e está fustigando o Brasil.

Na Hungria, Orbán baixou uma série de leis que previam multas para veículos de mídia que fizessem "cobertura desequilibrada", "insultuosa" ou em violação à "moralidade pública". A legislação obriga a mídia a fazer cobertura "confiável, rápida e precisa" das notícias — do ponto de vista do governo, claro. Além disso, o húngaro recorre a um instrumento básico de intimidação: corte de anúncios do governo em mídia não alinhada ao partido no poder.

No Brasil, Bolsonaro ameaçou cortar publicidade na mídia "inimiga" e cumpriu a promessa já no primeiro ano de governo.[5] Relatório do Tribunal de Contas da União (TCU) revelou que o governo passou a destinar os maiores percentuais de verba publicitária para a TV

Record e o SBT — emissoras consideradas aliadas ao Planalto, mas que não são líderes de audiência.

Embora detentora do maior ibope do país, a Globo passou a ter participação bem menor no bolo. De acordo com reportagem da *Folha*, em 2017 a Globo ficou com 48,5% dos recursos do governo e, em 2018, 39,1%. Em 2019, com base em dados parciais, a fatia despencou para 16,3%. Os percentuais da Record foram de 26,6% em 2017, 31,1% em 2018 e, agora, 42,6%; os do SBT, 24,8%, 29,6% e 41%, respectivamente.[6] Nos meios impressos críticos, anúncios do governo brasileiro e de estatais secaram.

Também foram adotadas na Hungria várias medidas que dificultam a aplicação de leis de acesso à informação, instrumento essencial para assegurar a transparência dos atos do governo e sua responsabilização. Isso quase ocorreu no Brasil, mas o Congresso brecou no início de 2019. Em 2020 Bolsonaro tentou de novo com uma medida provisória, com a desculpa de ser necessária em decorrência da epidemia do coronavírus — e foi suspensa por um dos juízes do Supremo Tribunal Federal.

Bolsonaro baixou medidas tendo em vista se vingar da imprensa que julga "injusta". Em agosto de 2019, assinou uma medida provisória que acabava com a obrigação das empresas de capital aberto de publicar seus balanços em jornais de grande circulação; a partir de então, elas poderiam publicá-los sem ônus no site da Comissão de Valores Mobiliários, CVM.

A publicação de balanços é fonte importante de receita para vários veículos. Essa mudança já estava prevista, e é natural, uma vez que a migração para o on-line é tendência inexorável. Ela seria implementada de maneira mais gradual, porém. De acordo com a legislação aprovada pelo Congresso e sancionada pelo próprio presidente em abril, a publicação dos balanços em jornais de grande circulação ainda seria exigida até 31 de dezembro de 2021. Medidas provisórias têm efeito imediato após serem publicadas e precisam ser aprovadas em até 120 dias pelo Congresso para não perderem a validade. De propósito o Congresso perdeu o prazo de votar essa MP da desobrigação de publicar os balanços impressos e ela caducou em dezembro de 2019.

O presidente brasileiro não deixou dúvidas sobre sua motivação para a medida provisória: "No dia de ontem eu retribuí parte daquilo que a grande mídia me atacou. Assinei uma medida provisória fazendo com que os empresários que gastavam milhões de reais ao publicar obrigatoriamente por força de lei seus balancetes agora podem fazê-lo no *Diário Oficial da União* a custo zero", disse na época.[7]

Ameaçou o *Valor Econômico* em especial, dizendo "espero que sobreviva à MP de ontem", e criticou supostas entrevistas que o jornal teria feito com ele, com declarações cheias de imprecisões. E, logo depois, em meio à polêmica mundial sobre suas políticas antiambientais, afirmou: "Nós estamos ajudando a não desmatar e estamos facilitando a vida dos empresários".[8] Segundo informou o *Valor*, o papel utilizado pela imprensa é produzido no Brasil e provém de reflorestamento, ou seja, não causa desmatamento. Por sua vez, o presidente da Câmara, Rodrigo Maia, ponderou que "retirar receitas dos jornais do dia para a noite" não era uma boa ideia.[9]

Em setembro de 2019, Bolsonaro voltou à carga e editou uma medida provisória que dispensava a publicação de editais de licitação, concursos e tomadas de preços em jornais diários de grande circulação. Pela proposta, esses comunicados deveriam ser publicados apenas na imprensa oficial. O texto foi suspenso por liminar do ministro Gilmar Mendes, do STF, em outubro.

O Congresso e o Supremo Tribunal Federal têm cumprido seu papel de agir como freios e contrapesos, barrando as medidas presidenciais mais autoritárias contra a imprensa. Mas isso não significa que Bolsonaro tenha sido neutralizado. O presidente e seu secretário de Comunicação, Fabio Wajngarten, passaram a pressionar anunciantes privados para não fecharem contratos de publicidades com alguns jornais e TVs. "Parte da mídia ecoa fake news, ecoa manchetes escandalosas, perdeu o respeito, a credibilidade [e] a ética jornalística. Que os anunciantes que fazem a mídia técnica tenham consciência de analisar cada um dos veículos de comunicação para não se associarem a eles preservando suas marcas", disse Wajngarten, que, à frente da Secretaria de Comunicação, controla as verbas de propaganda do governo.[10]

Já Bolsonaro, após a *Folha* ter publicado uma reportagem investigativa não favorável a ele, incitou anunciantes e leitores a boicotarem o jornal. "Eu não quero ler a *Folha* mais. E ponto-final. E nenhum ministro meu. Recomendo a todo Brasil aqui que não compre o jornal *Folha de S.Paulo*. Até eles aprenderem que tem uma passagem bíblica, a João 8:32 [E conhecerão a verdade, e a verdade os libertará]. A imprensa tem a obrigação de publicar a verdade. Só isso. E os anunciantes que anunciam na *Folha* também", afirmou. "Qualquer anúncio que faz na *Folha de S.Paulo* eu não compro aquele produto e ponto-final. Eu quero imprensa livre, independente, mas, acima de tudo, que fale a verdade. Estou pedindo muito?"[11]

Em março, o presidente orientou empresários reunidos na Fiesp a publicarem seus balanços em veículos que demonstrem otimismo com o país e sejam mais alinhados ao governo federal.[12] Ele já havia dito em uma live que pediria a anunciantes que não veiculassem publicidade em veículos que "mentem" e "trabalham contra o governo". Disse na ocasião que o empresário que anuncia em veículos críticos "ajuda o Brasil a afundar".[13] Essas ações são mais preocupantes do que cortar a publicidade do governo nos veículos de mídia, porque têm impacto maior.

Quando conheci a jornalista filipina Maria Ressa, numa conferência em Doha em dezembro de 2018, ela me disse que foi a pressão sobre anunciantes privados que quebrou as pernas da imprensa em seu país. Rodrigo Duterte, o autoritário líder filipino, havia constrangido várias empresas a cortar publicidade em veículos que não fossem cordatos. E, com o tempo, os anunciantes se sentiram intimidados e reduziram os anúncios nesses veículos.

Passado um certo tempo, num jantar em São Paulo, o acionista de um grande banco comentou comigo que executivos de seu banco e de uma grande indústria haviam sido procurados por emissários do governo, que pediram que eles deixassem de fazer anúncios na TV Globo. Eles disseram que não iam se curvar às pressões. Mas nunca se sabe até quando as empresas resistem. E nunca se sabe quando o governo vai começar a usar incentivos ou punições fiscais, por exemplo, para pressionar esses anunciantes.

Desde o início do governo Bolsonaro, houve redução no volume de publicidade de empresas privadas em jornais, mas não é possível dizer se foi devido à crise econômica ou por pressão da Presidência. Os anunciantes dificilmente dirão: "Parei de anunciar porque o governo pediu". Os jornais não revelam esses números.

Na Hungria, a estratégia de sufocar a imprensa tem funcionado às mil maravilhas — segundo cálculo da London School of Economics, cerca de 90% da mídia húngara está hoje sob influência do Fidesz, o partido governista. Na classificação mundial de Liberdade de Imprensa dos Repórteres sem Fronteiras (RSF), dos 180 países analisados, ela ocupa o 89º lugar — desde que Orbán assumiu o poder, em 2010, a Hungria caiu 66 posições. O Brasil, por seu turno, recuou cinco casas após Bolsonaro assumir o poder — foi da 102ª posição para a 107ª. Ainda que a democracia iliberal húngara tenha avançado célere em seu processo de asfixia da imprensa livre, o Brasil detém números estarrecedores de assassinatos de jornalistas nos rincões. Em geral são jornalistas de cidades pequenas que entram em conflitos com políticos — uma dinâmica macabra muito anterior ao governo Bolsonaro. Por isso o Brasil fica muito abaixo da Hungria no ranking.

Se antagonizar a imprensa é um traço comum a muitos governantes, Donald Trump fez da guerra à mídia parte essencial de seu estilo de governar, tendo sido o pioneiro no uso da expressão "fake news" —

que, no léxico trumpista, descreve qualquer notícia desfavorável. E ele fez escola: Bolsonaro e outros inúmeros presidentes adotaram a conotação que o americano dá à expressão.

Em setembro de 2019, já no aquecimento para a campanha eleitoral de 2020, Trump deixou ainda mais clara sua visão sobre a imprensa tradicional. "Nosso real oponente não são os democratas, ou o número decrescente de republicanos que perderam o rumo e foram deixados para trás. Nosso principal oponente é a mídia fake news."[14] Ele até resgatou uma frase cara ao stalinismo para atacar a imprensa. "A mídia fake news é verdadeiramente o INIMIGO DO POVO!", tuitou em março de 2019.[15] Pelos cálculos de uma reportagem de dezembro de 2019 veiculada no *New York Times*,[16] o presidente americano usou a expressão "fake news" 273 vezes no Twitter ao longo do ano e se referiu à imprensa como "inimiga do povo" em 21 tuítes.

Trump sabe que a *mainstream media*, a mídia tradicional, é o maior obstáculo para a hegemonia dos populistas fatofóbicos. Em 2017, Matthew Boyle, editor do Breitbart News em Washington, fez um discurso intitulado "Combate às fake news: substituir a mídia do establishment", na Heritage Foundation, centro de pesquisas conservador na capital americana.[17] Um dos cérebros por trás do Breitbart foi Steve

Bannon. O Breitbart corresponderia, no Brasil, ao Terça Livre, do blogueiro governista Allan dos Santos, ou ao Renova Mídia. Em seu discurso, o editor do site não teve pudores em expor seu plano: "Nosso objetivo é, ao fim e ao cabo, a destruição completa e a eliminação de toda a mídia tradicional. Prevemos o dia em que a CNN não vai mais existir. Vislumbramos o dia em que o *New York Times* vai fechar as portas. Eu acho que esse dia é possível", disse Boyle.[18]

Soa familiar? No discurso colérico que fez uma semana antes do segundo turno da eleição de 2018, em vídeo ao vivo exibido em telões na avenida Paulista, em São Paulo, Bolsonaro exortou apoiadores a votar "sem mentiras, sem fake news, sem *Folha de S.Paulo*".[19] Depois, em entrevista ao *Jornal Nacional,* foi questionado sobre ter desejado que a *Folha* deixasse de existir. "Não quero que [a *Folha*] acabe. Mas, no que depender de mim, imprensa que se comportar dessa maneira indigna não terá recursos do governo federal." E completou: "Por si só esse jornal se acabou".[20]

Veículos como o Breitbart alegam publicar notícias ignoradas pela mídia tradicional, que seria controlada pela esquerda e desprezaria as conquistas dos líderes de direita. Na realidade, quando dizem que estão apenas reportando acontecimentos omitidos pela grande imprensa, muitas vezes estão distorcendo e descontextualizando as coisas, veiculando opinião como se fosse fato ou, simplesmente, propagando notícias falsas.

Em 3 de janeiro de 2017, por exemplo, o Breitbart publicou um texto dizendo que, durante as celebrações de Ano-Novo em Dortmund, na Alemanha, uma turba com mais de mil homens, gritando *Allahu Akbar* [Alá é grande, em árabe], jogou fogos de artifício nos policiais e incendiou a igreja mais antiga do país.[21] O leitor concluía que eram muçulmanos extremistas que haviam atiçado fogo a uma igreja histórica de propósito e agredido policiais. Falso. A igreja não era a mais antiga do país nem tinha sido incendiada. Uma rede de segurança no local havia pegado fogo por causa de um rojão, mas as chamas foram logo apagadas. Era comum que mais de mil pessoas se reunissem na praça no Ano-Novo. Naquela noite havia apenas de cinquenta a setenta pessoas que, celebrando um cessar-fogo em Aleppo, entoavam a frase *Allahu Akbar*.

A notícia falsa do Breitbart viralizou nas redes sociais. O jornal da região, o *Ruhr Nachrichten*, disse que o site tinha distorcido elementos de uma reportagem para produzir "fake news, ódio e propaganda". No mesmo ano, em agosto, o Breitbart publicou uma foto do jogador alemão Lukas Podolski ilustrando um artigo intitulado "Polícia espanhola desbarata gangue fazendo tráfico de migrantes em jet skis". A foto mostrava Podolski andando de jet ski com um amigo no Brasil, em 2014, na época da Copa do Mundo — e não coiotes levando migrantes do Marrocos até a Espanha. O site teve de se desculpar.[22]

No Brasil, Allan dos Santos, do site bolsonarista Terça Livre, perpetrou uma fake news atroz sobre o jornalista Glenn Greenwald. Segundo a "reportagem" de Allan de 26 de julho de 2019, Glenn teria sido internado em uma clínica do Rio após sofrer infarto decorrente de uso de drogas. "De acordo com informações de fontes anônimas fornecidas a este portal, ele teria sofrido um infarto no final de semana, por consumo excessivo de cocaína. Ainda segundo informações, ele teria chegado inconsciente à unidade médica, mas já se encontra consciente. Uma outra fonte informou que ele possui histórico de internações na Clínica São Vicente por abuso de drogas", dizia o texto do Terça Livre.[23] Em resposta à notícia fraudulenta, o deputado federal David Miranda, marido de Glenn, postou um vídeo no Twitter que mostrava o jornalista do Intercept em casa, lendo.

Esses veículos ultrapartidários argumentam que, ao contrário da mídia tradicional, eles assumem seu posicionamento ideológico. "Nosso ponto de vista no Breitbart é que preferimos ser transparentes quanto a nosso viés. Somos abertamente conservadores. Não escondemos isso. Somos muito honestos com nosso público. Nós dissemos às pessoas que queríamos a vitória de Trump", disse Boyle.[24] Segundo ele, os veículos de mídia tradicional fingem ser neutros, mas são militantes de esquerda, ou progressistas.

Ora, estão comparando alface com banana. Existem sites e blogs de esquerda e de direita, e existe a mídia profissional. A diferença é que a mídia tradicional pelo menos tenta praticar um jornalismo imparcial. Seu objetivo é fazer uma cobertura sobre os fatos e as notícias, ouvindo os dois lados, recorrendo a documentos e fontes. Nesses veículos, existe uma "Muralha da China" entre opinião e notícia. Textos opinativos ficam restritos aos editoriais, que expressam o ponto de vista do jornal, e às colunas, que mostram a visão de cada colunista.

No noticiário, a intenção é transmitir uma visão equilibrada, embora saibamos que a imparcialidade absoluta é uma quimera. Hierarquizar as notícias, definindo a mais importante, já pressupõe, de alguma maneira, uma editorialização. Posicionar uma reportagem no pé da página ou não destacá-la na página principal na internet, escolher um verbo mais agressivo, tudo isso, de certa forma, embute um viés. No entanto, por mais utópico que seja, esses veículos ao menos buscam oferecer uma cobertura equilibrada.

Alguns jornais, como a *Folha*, mantêm um ou uma profissional no cargo de ombudsman, cuja função é atuar como representante dos leitores dentro do jornal. Ombudsman é uma palavra de origem sueca que significa "representante do cidadão". O ombudsman do jornal recebe e investiga queixas dos leitores e as encaminha aos jornalistas, além de fazer uma crítica interna apontando falhas nas reportagens e nas abordagens. Na *Folha*, para que esse profissional possa manter a independência e criticar sem peias o conteúdo do jornal, ele tem mandato fixo de um ano, renovável, e não pode ser demitido.

A seção "Erramos" também demonstra que há pelo menos a intenção de corrigir falhas. Alguns jornais reservam esse espaço para reparar erros cometidos em reportagens — ainda que, muitas vezes, a visibilidade editorial da correção seja muito menor do que a reportagem que foi veiculada com a informação equivocada.

No Brasil, os jornais não têm o costume de declarar apoio, em seus editoriais, a determinados candidatos nas eleições. Nos Estados Unidos, isso é comum. Em 2012, por exemplo, *New York Times*, *Los Angeles Times*, *Boston Globe*, *Washington Post* declararam apoio a Barack Obama, enquanto *New York Daily News*, *Houston Chronicle*, *Dallas Morning News* apoiaram Mitt Romney.

Às pessoas que consideram a *Folha* esquerdista, lembro que foi ela que publicou a reportagem sobre o escândalo do mensalão no governo Lula, revelado pela jornalista Renata Lo Prete. O caso do sítio de Atibaia ligado a Lula também foi um furo de reportagem do repórter Flávio Ferreira, assim como o escândalo da consultoria do ex-ministro Antonio Palocci, investigado por Cátia Seabra. Os jornais O *Globo*, *Estado de S. Paulo*, *Valor Econômico*; as revistas *Veja* e *Época*, além de outros veículos, também publicaram reportagens investigativas sobre governos de esquerda e direita.

Quando cobria as manifestações de 2016 em São Paulo, eu costumava brincar que estava começando a ter crises de identidade. Nos protestos a favor do impeachment da ex-presidente Dilma Rousseff, assim que me identificava como repórter da *Folha*, diziam que eu era da "Foice de S.Paulo", em referência à foice e ao martelo da bandeira da União Soviética. Já quando eu cobria os protestos contra o impeachment, chamavam-nos de "pig", Partido da Imprensa Golpista, sugerindo que queríamos derrubar a presidente. Dava vontade de dizer: vocês precisam decidir, ou uma coisa ou outra.

A grande semelhança entre as bem-sucedidas campanhas eleitorais do americano Donald Trump, em 2016, e de Jair Bolsonaro, em 2018, é que ambos conseguiram "matar" o mensageiro da famosa máxima. Trump e Bolsonaro contornaram a mídia tradicional e se comunicam diretamente com o eleitor de modo eficaz e como melhor lhes convém. No começo de 2016, quando a campanha presidencial nos Estados Unidos estava esquentando, Trump tinha 6,5 milhões de seguidores no Twitter; hoje tem 81,9 milhões.

Sua forma preferida de interagir com os eleitores era por vídeos, pelo Twitter e por entrevistas a jornalistas amigáveis, muitas vezes em sites antes só do conhecimento da blogosfera da direita, como InfoWars e o Breitbart News. Ele também elegia alguns âncoras — Sean Hannity, da Fox News, por exemplo — para verbalizar suas opiniões e passar recados. E com frequência fazia transmissões ao vivo, pela internet, de seus comícios, escapando dos filtros jornalísticos.

O presidente americano se provou um gênio na manipulação do ciclo de notícias. Toda vez que uma informação negativa se insinuava nas redes, ele conseguia mudar o assunto com um simples tuíte, em geral em caixa-alta e depreciando alguém. Assim, a campanha conseguia passar sua mensagem sem se submeter ao escrutínio de jornalistas, sem citar fontes, sem ter que explicar eventuais contradições. Em dois comícios que cobri na campanha eleitoral americana de 2016, fiquei assustada com a animosidade dos apoiadores de Trump contra a imprensa. Nós, jornalistas, ficávamos na área reservada à mídia, e o então candidato inflamava os apoiadores contra a "fake news media" — eles gritavam, entusiasmados, e nos acertavam com copos e bolinhas de papel. Tudo isso se exacerbou depois que o republicano venceu a eleição.

Esse conflito permanente com a imprensa tem um propósito: blindar os governantes contra críticas, minando a confiança na mídia profissional. Dada uma rasteira na credibilidade da mídia, é fácil convencer as pessoas de que uma reportagem de denúncia de corrupção, por exemplo, não passa de um ataque da imprensa oposicionista.

Além disso, a hostilidade contra a mídia é abraçada por apoiadores e ajuda a atiçar a militância contra o "inimigo" comum. Pesquisa de julho de 2019 da Hill-Harris X mostra que um terço dos americanos acredita que a mídia é "inimiga do povo". Considerando apenas eleitores republicanos, 51% deles têm esse julgamento, enquanto 14% dos democratas e 35% dos independentes pensam o mesmo.[25]

Às vezes os próprios veículos da imprensa tradicional ajudam a cavar a própria cova. Trump e outros líderes se aproveitam de erros (reais) dos jornalistas para ridicularizar e desmerecer a mídia como um todo. Todos os erros viram uma arma nas mãos dos populistas, brandida para seus milhões de seguidores nas redes sociais. Já quando se trata dos erros e mentiras dos populistas, dolosos ou não, esses nunca são corrigidos, e mais: são esquecidos como se nada tivesse sido dito.

Também é verdade que os veículos de imprensa se beneficiam dessa relação neurótica com líderes tecnopopulistas. O *New York Times* passou pelo chamado "Trump bump" após a eleição de 2016. No último trimestre daquele ano, o jornal teve ganho líquido de 276 mil assinantes da edição digital — o melhor trimestre em termos de vendas desde que foi lançado o modelo de assinaturas on-line pagas, em 2011. Foi mais que o dobro do ganho de assinaturas do trimestre anterior, quando ficou em 120 mil. No fim de 2019, ele chegou a 5,2 milhões de assinantes.

A *Folha* também teve um aumento no número de assinaturas na esteira da eleição de Bolsonaro em 2018. Com o aumento do interesse pela cobertura política, cresceu a audiência de todos os jornais. No caso da *Folha*, o mais atacado pelo candidato e depois presidente Bolsonaro, houve uma campanha espontânea de assinaturas. Leitores usaram suas redes sociais para pedir assinaturas em nome da democracia e da liberdade de expressão. Como resultado, entre dezembro de 2018 e dezembro de 2019, a circulação digital da *Folha* aumentou 19,5%, de 207176 para 247476; o *Globo* teve alta de 19,4% na circulação digital, de 194741 para 232591; o *Estadão*, de 12,6%, de 132033 para 148730.

O problema é que, ao mesmo tempo, os veículos continuam a sangrar assinaturas do jornal impresso, que são mais caras. No mesmo período, a *Folha* perdeu 21,5% das assinaturas impressas; o *Globo* perdeu 15,9%; o *Estadão*, 9,9%.[26] As assinaturas digitais são mais baratas e muitas vezes não compensam a perda de anúncios. Para os veículos se manterem viáveis, é preciso que ocorra um salto expressivo no número de assinantes.

Na guerra contra o jornalismo, vale até a chamada *opposition research*, tática em geral empregada contra políticos, que consiste em vasculhar a vida pregressa da pessoa para desacreditá-la aos olhos do público. Aliados de Trump têm feito isso nos Estados Unidos, e a estratégia principal para atacar a credibilidade de certos repórteres é exumar posts antigos nas redes sociais, muitas vezes comprometedores ou politicamente incorretos, e montar dossiês. Um repórter já foi exposto por usar a palavra *fag* num post (modo preconceituoso de se referir a homossexual), um outro por postar piadas racistas dez anos antes, e um terceiro por se identificar como progressista em uma postagem no Instagram.[27]

Sem falar nas infames pegadinhas do Project Veritas. James O'Keefe, fundador do grupo de direita, dedica-se a bolar armadilhas para desacreditar ONGs progressistas e jornalistas da mídia tradicional. Para isso, põe em ação "repórteres" disfarçados e câmeras escondidas.

Em 2017, o Project Veritas tentou armar um flagrante para o *Washington Post*. Uma mulher procurou repórteres do jornal e mentiu, dizendo que tinha acusações contra o então candidato republicano ao Senado Roy Moore. Ela afirmou que engravidara dele quando tinha quinze anos. Nas conversas, que ela estava gravando, a mulher pressionava os repórteres a darem sua opinião sobre os efeitos dessas revelações sobre a campanha de Moore, na tentativa de expor suposto viés partidário do jornal. Os jornalistas acharam a história pouco consistente e não publicaram nada sobre a denúncia.

Em junho do mesmo ano, o grupo divulgou um vídeo, verídico, em que um produtor da CNN dizia que a cobertura da rede sobre a investigação da interferência russa na eleição de 2018 era uma tapeação, visava apenas "gerar audiência". O produtor trabalhava para a divisão de matérias de saúde do canal, mas isso o Veritas não revelou. A CNN respondeu à "denúncia", dizendo: "A CNN apoia o produtor de matérias médicas John Bonifield. A diversidade de opiniões pessoais é o que fortalece a CNN".[28] Em outro vídeo, um produtor-associado da CNN dizia que Trump era "totalmente doido" e que "aqui dentro, todos sabemos que ele é um palhaço, não é capacitado e não está preocupado com o país". E afirmou também que os eleitores americanos eram "estúpidos".[29]

Os jornalistas brasileiros que se cuidem: há relatos de conversas entre o site Terça Livre e o Project Veritas. Allan dos Santos, do Terça Livre, se encontrou com executivos do Veritas em Washington, durante a CPAC em 2020. Acho até que já houve alguns ensaios de projeto Veritas tupiniquim. Durante a cobertura da viagem do vice-presidente Hamilton Mourão a Boston e Washington, em abril de 2019, os repórteres foram abordados, mais de uma vez, por um fulano brasileiro que se identificava assim: "Tenho um blog de direita, mas tenho críticas ao Bolsonaro". Ele começava a puxar papo e do nada lançava a pergunta: "Vocês não acham que o Bolsonaro vai cair em poucos meses?". Mudos, nós nos entreolhávamos. Com certeza era uma pegadinha e ele gravaria qualquer coisa que disséssemos.

Nos Estados Unidos, Trump não fica só na retórica. Depois de chamar inúmeras vezes a CNN de lixo, fake news e outros epítetos, seu governo barrou a fusão entre a Time Warner, controladora da TV, e a AT&T Corporation. O Departamento de Justiça alegou preocupações com concentração de mercado, mas especialistas estranharam. As empresas recorreram.

Um juiz determinou que não haviam sido apresentadas evidências econômicas para a negativa e autorizou a fusão.

Trump também atacava constantemente Jeff Bezos, o dono da Amazon, e ameaçava agir contra o gigante do varejo on-line. Ele detesta a cobertura crítica que o *Washington Post* faz de seu governo, e o jornal foi comprado por Bezos em 2013. Cumprindo sua ameaça, o presidente determinou que os correios americanos revissem as taxas de envio cobradas da Amazon. Os correios resistiram e não elevaram os preços para varejistas on-line como a Amazon. Em 24 de abril, Trump ameaçou bloquear o pacote de ajuda que o Congresso planejava dar para os correios caso eles não aumentassem as taxas cobradas pelos envios. O objetivo da injeção de recursos era ajudar a agência governamental, sobrecarregada por causa da pandemia de coronavírus. "Se eles [os correios] não aumentarem os preços, eu não vou assinar nada", disse o presidente.[30]

O americano também recorre a outros tipos de retaliação — barrou a entrada de uma jornalista da CNN, Kaitlan Collins, em uma coletiva na Casa Branca, por julgar as perguntas dela "impertinentes".[31] Cassou a credencial do repórter da CNN Jim Acosta, impedindo-o de acompanhar as coletivas diárias da Casa Branca — a Justiça reverteu a medida. Chamou Chris Wallace, âncora da Fox News, de "desagradável e detestável".[32] Declarou que os jornalistas do *Washington Post* nem sequer deveriam poder pisar no terreno da Casa Branca e acusou *o New York Times* de "traição" à pátria.[33]

"O fato de o presidente personalizar os ataques — mirando jornalistas específicos — é perigoso", disse o editor-executivo do *New York Times*, Dean Baquet, em entrevista ao *Washington Post*.[34] Martin Baron, editor-executivo do *Washington Post*, disse, na mesma reportagem, que o propósito dos ataques de Trump contra jornalistas é "sujeitá-los a intimidação e ameaças". Os dois afirmaram que os ataques presidenciais não vão afetar a cobertura jornalística.

Os Estados Unidos caíram do 43º lugar no ranking de Liberdade de Imprensa dos RSF em 2017 para o 45º lugar em 2020. Como comparação, a Alemanha está em 11º lugar, e a França em 34º. A China, uma ditadura comunista que reprime ativamente a imprensa e é um dos campeões em número de jornalistas presos, está em 177º lugar. A última posição é da Coreia do Norte.

Um texto de 2019 dos RSF sobre a imprensa nos Estados Unidos diz que

> ao mesmo tempo que a comunidade jornalística ficava cada vez mais receosa por causa do clima de ódio dire-

> cionado à imprensa americana desde a eleição de Donald Trump em 2016, o pior dos cenários se tornou realidade em 28 de junho de 2018, quando um atirador entrou na redação do jornal *Capital Gazette*, em Annapolis, Maryland, e matou quatro jornalistas e um funcionário da equipe. [...] Em meio a um dos momentos mais sombrios da comunidade jornalística americana, o presidente Trump continuou a despejar sua retórica anti-imprensa, depreciando a mídia do país.[35]

Esse massacre não teve ligação direta com Trump: o atirador havia sido tema de uma reportagem do jornal quando foi posto em liberdade condicional após admitir assediar uma conhecida pelas redes sociais e por e-mail. Ele processou o jornal, perdeu e quis se vingar.

Mas a retórica de Trump é nociva. Uma das seis sobreviventes do massacre, Rachael Pacella, escreveu em seu Twitter, em fevereiro de 2019: "Como uma das seis sobreviventes do único massacre em redação de nosso país, fico com muito medo quando vejo o presidente tuitando ataques generalizados contra a imprensa. Suas palavras têm poder e fornecem uma justificativa para criminosos agirem".[36]

Trump inspira muitos líderes populistas que imitam sua retórica — e suas ações — contra a imprensa. Foi isso que Zaffar Abbas, editor-chefe do jornal paquistanês *Dawn* e vencedor do prêmio Gwen Ifill, disse a Mike Pence no final de 2019: que os ataques do presidente americano à mídia crítica independente estão sendo emulados por mandatários de grandes países emergentes, como Brasil, Índia e Paquistão. Só que nesses países os efeitos são mais nefastos, porque as instituições ainda estão se formando, são democracias em transição. O vice-presidente fez uma pausa e argumentou que, às vezes, o que se chama de mídia crítica não é mídia crítica, é outra coisa. Prendemos a respiração, esperando o pior. Mas Pence parou antes de usar o termo favorito de seu chefe, fake news.

No Brasil, Bolsonaro nem disfarça — copia sem constrangimento seu ídolo, Donald Trump, nos mínimos detalhes. Em 24 de outubro de 2019, o americano anunciou que iria cancelar a assinatura do *Washington Post* e do *New York Times* na Casa Branca e no governo federal. Uma semana depois, no dia 31 de outubro, seu colega brasileiro anunciou que o governo federal iria cancelar a assinatura da *Folha*. "Determinei que todo o governo federal rescinda e cancele a assinatura da *Folha de S.Paulo*. A ordem que eu dei [é que] nenhum órgão do meu governo vai receber o jornal *Folha de S.Paulo* aqui em Brasília. Está determinado. É o que eu posso fazer, mas nada além disso", disse, em entrevista à TV Bandeirantes. A leitura do jornal envenenava seu governo, declarou.[37]

A *Folha*, ao lado da Globo, tem sido o maior alvo dos vitupérios presidenciais. Segundo levantamento do jornal, as agressões começaram em 2017, mais de um ano antes da campanha eleitoral. Na época, Bolsonaro, ao ser procurado por telefone para comentar reportagem sobre detalhes de sua trajetória no Exército, disse: "Vá catar coquinho, *Folha de S.Paulo*. Vocês estão recebendo de quem para fazer matéria? Estão recebendo de quem para me perseguir?". E concluiu: "Publica essa porra de novo agora sem falar comigo. Eu só falo com vocês gravando".[38] Dias depois, o então deputado, em entrevista ao repórter Rubens Valente, disse: "Você é um escroto! Você é um escroto!". Ele gravou um vídeo da conversa e publicou em seu canal no YouTube.[39]

Em outubro de 2019, comentando matéria dos repórteres Camila Mattoso e Ranier Bragon sobre possível uso de caixa dois na campanha dele e do ministro do Turismo, Marcelo Álvaro Antônio, o já presidente afirmou que a *Folha* tinha descido "às profundezas do esgoto". Em suas redes sociais, escreveu: "A *Folha de S.Paulo* avançou a todos os limites, transformou-se num panfleto ordinário às causas dos canalhas". Na mensagem, o presidente reproduzia parte da primeira página do jornal.[40]

A TV Globo é outra nêmesis habitual de Bolsonaro.

Após reportagens sobre suposta ligação do ex-presidente com os atiradores que mataram a vereadora Marielle Franco, um Bolsonaro mais possesso que o habitual fez um vídeo direto da Arábia Saudita, onde estava em visita presidencial. Em seu vídeo, chamou de "patifaria" a cobertura que a TV fazia de seu mandato, disse que era um jornalismo "podre" e "canalha", e acusou a imprensa de ser "porca" e "nojenta". Para completar, ameaçou não renovar a concessão pública da Globo. "Vocês vão renovar a concessão em 2022. Não vou persegui-los, mas o processo vai estar limpo. Se o processo não estiver limpo, legal, não tem renovação da concessão de vocês, e de TV nenhuma. Vocês apostaram em me derrubar no primeiro ano e não conseguiram", disse.[41]

As emissoras de rádio e TV no Brasil são concessões do governo, que podem ser renovadas ou canceladas pelo presidente, e o Congresso pode referendar ou derrubar o ato. A concessão da Globo vence em 15 de abril de 2023. Segundo lei aprovada pelo governo Temer, no entanto, o presidente pode decidir sobre a concessão até um ano antes do vencimento — ou seja, em abril de 2022, no início do último ano do mandato de Bolsonaro.[42]

Ironicamente, se o presidente não renovar a concessão da Globo, vai repetir decisão do ex-líder esquerdista venezuelano Hugo Chávez, que suspendeu a licença da RCTV, emissora mais vista do país na época. Em dezembro de 2006, Chávez fez um discurso logo após conquistar um novo mandato: "Não será renovada a concessão para este canal golpista de televisão que se chama Radio Caracas Televisión (RCTV)", anunciou.

Chávez cumpriu a ameaça e, em maio de 2007, tirou do ar a RCTV, que exibia novelas de grande audiência. Equipamentos foram expropriados e levados para um novo canal estatal, que passou a ocupar aquela frequência. Fora da grade aberta, a emissora foi para a TV paga a partir de julho de 2007, sob o nome RCTV Internacional. Em 2010 o governo ordenou sua retirada dos pacotes por assinatura, sob acusação de que o canal teria descumprido regras federais ao se recusar a transmitir um pronunciamento de Chávez.

No Brasil, a Federação Nacional dos Jornalistas (Fenaj) registrou 208 agressões físicas ou verbais a veículos de comunicação e jornalistas em 2019. Bolsonaro foi o responsável por 58% dessas agressões — 121 dos 208 ataques. Segundo o levantamento da entidade, em 2019 o país registrou um aumento de 54% desse tipo de ataque físico ou moral contra profissionais ou veículos de comunicação — em 2018, foram apontados 135 casos.[43] Entre os ataques do presidente a repórteres, houve até um questionamento sobre a sexualidade de um jornalista que perguntava sobre denúncias feitas contra o senador Flávio Bolsonaro, um dos filhos do presidente. "Você tem uma cara de homossexual terrível, mas nem por isso eu te acuso de ser homossexual", ele afirmou. Em outro momento da mesma entrevista, Bolsonaro alterou o tom da voz e ofendeu um repórter ao ser indagado se tinha comprovante de um alegado empréstimo feito a seu amigo, o ex-policial e ex-assessor de Flávio Fabrício Queiroz. "Ô, rapaz, pergunta para a tua mãe o comprovante que ela deu para o teu pai, tá certo?".[44]

Em março de 2020, a organização não governamental Conectas Direitos Humanos apresentou ao Conselho de Direitos Humanos da ONU um pedido para que a entidade acompanhe de perto a situação da liberdade de imprensa no Brasil e condene publicamente ataques feitos contra jornalistas.

"O presidente [Jair] Bolsonaro trata a imprensa e os jornalistas como seus inimigos", afirma o texto apoiado pela Associação Brasileira de Jornalismo Investigativo (Abraji) e pelas organizações Artigo 19 Brasil, Instituto Vladimir Herzog e Intervozes. "Os ataques não são feitos apenas por meio de declarações, mas também por medidas concretas. Jornais foram proibidos de cobrir viagens presidenciais", segue o documento,[45] numa referência à exclusão da correspondente da *Folha* em Washington, Marina Dias, da cobertura do jantar que Bolsonaro teve com Trump em Mar-a-Lago, na Flórida. Foi a única representante de um grande veículo de imprensa a não poder cobrir o jantar.

E qual foi a reação do presidente diante das denúncias de suas agressões contra jornalistas? Ameaçou não mais falar com a imprensa. Em 5 de março, disse:

> Você tá cansado de ver por aqui a imprensa dizendo que eu ataco a imprensa todo dia. Vamos supor que você vai trabalhar e passa num local, né, e todo dia é assaltado. O que você faz? Você pega outro caminho, não vai ficar sendo assaltado, apanhando no mesmo lugar. Se a imprensa diz que eu ofendo todo dia, o que estão fazendo todo dia ali [Alvorada]? Enquanto não começar a divulgar a verdade, não vamos mais falar com a imprensa, pode esquecer.[46]

Na véspera ele já havia tentado ignorar perguntas desagradáveis quando foi divulgado o resultado decepcionante do crescimento do PIB em 2019. Apelou para um humorista fantasiado de presidente, que inclusive levou bananas para provocar os jornalistas. Bolsonaro já havia feito o gesto de "banana" duas vezes para repórteres.

O governo Lula também teve episódios de confronto com a imprensa. Se Bolsonaro afirma que a imprensa envenena o dia dele, o ex-presidente Lula dizia não ler jornais pela manhã porque lhe dava "azia". O petista tentou criar um Conselho Federal de Jornalismo, que potencialmente representaria uma tentativa de controle da atividade jornalística. Um dos objetivos do conselho era "orientar, disciplinar e fiscalizar o exercício da profissão de jornalista"; o projeto chegou a ser enviado ao Congresso em 2004, mas foi derrubado pelos deputados.

Bolsonaro e seu entorno atacam com regularidade o jornalista e fundador do site Intercept, Glenn Greenwald. Já Lula se desentendeu com outro jornalista estrangeiro — o americano Larry Rohter, então correspondente do *The New York Times* no Brasil. Rohter foi o autor da reportagem "Hábito de beber do líder brasileiro torna-se preocupação nacional", publicada em 9 de maio de 2004, na qual dizia que Lula "nunca escondeu sua predileção por um copo de cerveja, uma dose de uísque ou, melhor ainda, um gole de cachaça, a forte bebida brasileira feita com cana-de-açúcar".[47]

O governo divulgou nota dizendo que a reportagem era "caluniosa e difamatória" e, dias depois, anunciou o cancelamento do visto de Rohter. Na época, o Ministério da Justiça disse que a presença do jornalista americano no país era inconveniente:

Em face de reportagem leviana, mentirosa e ofensiva à honra do Presidente da República Federativa do Brasil, com grave prejuízo à imagem do país no exterior, publicada na edição de 9 de maio passado do jornal *The New York Times*, o Ministério da Justiça considera, nos termos do artigo 26 da lei nº 6.815, inconveniente a presença em território nacional do autor do referido texto. Nessas condições, determinou o cancelamento do visto temporário do sr. William Larry Rohter Junior.[48]

Diante da reação negativa de várias entidades de defesa da liberdade de imprensa e da repercussão negativa no exterior, o governo revogou o cancelamento do visto.

Lula, ao contrário de Bolsonaro, sempre era cortês com repórteres. E quando fazia críticas, elas dificilmente eram ataques pessoais, ficavam mais voltadas para os veículos de imprensa, que ele chamava de golpistas. Marco Aurélio Garcia, assessor internacional da Presidência, falecido em 2017, costumava brincar que a *Folha* e o *Globo* eram o *Pravda* da oposição, em referência ao jornal oficial do Partido Comunista na União Soviética.

Em outros governos, nunca se chegou perto do que aconteceu no dia 3 de maio de 2020, em frente ao Palácio do Planalto. Enquanto fazia seu trabalho, o fotojornalista Dida Sampaio, do *Estadão*, foi empurrado, chutado e levou um soco no estômago. Outros jornalistas foram hostilizados por manifestantes devidamente enrolados em bandeiras do Brasil. A equipe da Rede Globo foi enxotada. "Expulsaram os repórteres da Globo, expulsaram os repórteres", uma pessoa disse a Bolsonaro, que respondeu: "Pessoal da Globo vem aqui falar besteira. Essa TV foi longe demais".[49] Não repudiou as agressões. Só mais tarde, pressionado, ele condenou qualquer tipo de violência. Mas fez a ressalva de que a agressão era obra de "alguns possíveis infiltrados".

Um dia depois, na frente da sua torcida organizada no Alvorada, Bolsonaro mandou dois repórteres calarem a boca e chamou a *Folha* de jornal "canalha", "patife" e "mentiroso". Uma repórter de *O Estado de S. Paulo* perguntou sobre sua suposta ingerência no comando da Polícia Federal no Rio, e ele perdeu as estribeiras. "Cala a boca, não perguntei nada", respondeu. Questionado em seguida pela *Folha*, o presidente gritou novamente: "Cala a boca, cala a boca!".[50]

Sentindo-se validados, esses apoiadores do presidente foram ficando cada vez mais agressivos. No dia 25 de maio, uma mulher passou pela fila dos jornalistas repetindo: "Ó o lixo, ó o lixo, ó o lixo". E acrescentou, aos berros: "Escória! Lixos! Ratos! Ratazanas! Bolsonaro até 2050! Imprensa podre! Comunistas", enquanto outros ficavam gritando "Mídia lixo". Outra mulher xingou: "Sem-vergonha! Vocês não mostram a realidade!". Um homem berrou: "Eu não sei como vocês conseguem dormir à noite. Vocês não representam a população brasileira! Mídia comunista, comprada! Cambada de safados!".[51] Os apoiadores se aproximaram do local reservado aos jornalistas, que era dividido apenas por uma faixa de contenção. E continuaram xingando e avançando sobre todos depois da entrevista, quando não havia mais nenhuma grade de proteção.

No mesmo dia, os principais veículos de imprensa do Brasil decidiram não mais mandar seus profissionais cobrirem as coletivas matinais no Alvorada. *Folha*, *O Globo*, *Correio Braziliense*, *Valor Econômico*, TV Globo, G1, Metrópoles não tinham alternativa. Não havia segurança. A retórica e as ações cada vez mais agressivas contra a imprensa, por parte do presidente, de seus filhos e alguns aliados, funcionam como um sinal verde para apoiadores passarem dos insultos às vias de fato. O ato extremo demonstra a gravidade da situação. Foi a primeira vez que veículos de mídia, em comum acordo, deixaram de mandar repórteres cobrirem coletivas presidenciais por motivo de segurança.

Em intensidade e abrangência, os ataques de Bolsonaro contra a imprensa são incomparáveis, não têm nenhum paralelo na história do Brasil. A fúria dele contra a mídia só se assemelha à de outros líderes populistas hoje no poder, como Viktor Orbán na Hungria, Recep Erdogan na Turquia, Narendra Modi na Índia, Rodrigo Duterte nas Filipinas, Nicolás Maduro na Venezuela e Daniel Ortega na Nicarágua. Tanto líderes de direita como de esquerda abraçam a estratégia de enfraquecer a mídia tradicional, atacar jornalistas e empoderar veículos lenientes.

Em 2013, durante os históricos protestos do Parque Gezi, em Istambul — conhecidos como o capítulo turco da Primavera Árabe —, a rede CNN local exibia documentários sobre a vida dos pinguins imperiais na Antártica enquanto a polícia reprimia com brutalidade os manifestantes. E isso porque, na época, o canal ainda nem pertencia ao Demiroren Group, conglomerado empresarial aliado a Recep Tayyip Erdogan. Mas já havia um posicionamento cauteloso de vários veículos no sentido de não melindrar o presidente.

Para punir veículos de mídia não alinhados, o governo turco usou como arma acusações de sonegação fiscal. A Dogan Media Company, que era o maior grupo de mídia da Turquia, tendo os canais de TV Kanal D e CNN Turk, além dos jornais *Hürriyet* e *Radikal*, chegou a ser multada em 3,2 bilhões de dólares em 2009. O valor da multa foi reduzido depois, mas o grupo, que era razoavelmente independente, foi alvo de diversas outras investigações. O Demiroren Group comprou todas as empresas de mídia da Dogan em 2018. Houve mudança de orientação na cobertura e dezenas de editores e jornalistas foram demitidos. Demiroren já havia comprado dois jornais da Dogan em 2011, o *Milliyet* e o *Vatan*, que passaram a adotar um posicionamento pró-governo.

Hoje em dia muitos dos veículos de mídia tradicional na Turquia estão sob controle de empresas que pertencem a aliados ou parentes de Erdogan. Os jornais governistas *Sabah* e *Daily Sabah* são controlados por uma empresa que já teve como CEO o genro de Erdogan, Berat Albayrak, atual ministro das Finanças da Turquia. Segundo entidades de defesa da liberdade de expressão, mais de 90% dos veículos de mídia turcos estão hoje nas mãos de empresas que apoiam o governo. O cenário se assemelha muito ao da Hungria, onde aliados do primeiro-ministro Viktor Orbán foram comprando e neutralizando veículos de mídia que tinham postura independente em relação ao governo.

Quando se tornou primeiro-ministro da Turquia em 2003, Recep Tayyip Erdogan era festejado por líderes europeus e americanos. Era um líder muçulmano reformista, que seria uma ponte com o Ocidente e cimentaria a entrada da Turquia na União Europeia. O Parlamento turco aprovou uma série de reformas que ampliavam os direitos dos curdos, abriam a economia e davam voz à maioria religiosa moderada do país. Quase vinte anos depois, Erdogan havia martelado todos os pregos no caixão da democracia turca.

A situação piorou muito a partir de 2016, quando houve uma tentativa de golpe contra seu governo. O golpe fracassado foi usado como álibi para expurgos generalizados no país — mais de 50 mil pessoas foram presas e 150 mil funcionários públicos, entre eles juízes, professores e promotores, foram demitidos. Fecharam as portas mais de 150 jornais, revistas, TVs, rádios e sites — entre eles, o diário *Zaman*, um dos maiores do país, com circulação de 650 mil. O jornal era ligado ao clérigo Fethullah Gülen, acusado de participar do golpe, e foi lacrado e expropriado pelo governo. Mais de 1500 jornalistas foram processados, e 11 mil ficaram desempregados.

Muitos jornalistas preeminentes que conheci em minhas reportagens no país estão exilados. Yavuz Baydar vive hoje na França, onde é editor-chefe do Ahval, site de notícias em turco, inglês e árabe. Sahin Alpay, cientista político que era colunista do *Zaman*, foi acusado de terrorismo por ligações com o Hizmet, movimento do clérigo Güllen, e ficou preso vinte meses.

Segundo o ranking do Comitê de Proteção a Jornalistas, CPJ, a Turquia é o segundo país que mais prende jornalistas no mundo — atualmente 47 estão presos; só perde para a China, que é uma ditadura de partido único e tinha 48 jornalistas presos em 2019. Inúmeros jornalistas turcos recorreram de julgamentos e aguardam decisões, mas podem ser presos; outros foram condenados e fugiram do país. (Os outros países campeões em prender jornalistas apenas por fazerem seu trabalho são Arábia Saudita, Egito, Eritreia, Vietnã e Irã.)

A Turquia está em 154º lugar no ranking de Liberdade de Imprensa dos RSF. O Código Penal turco prevê crimes como "insultar o presidente", "ofender a nação turca e suas instituições", "insultar agentes do Estado". Tudo isso tem sido invocado para criminalizar a atividade jornalística.

Além do enfraquecimento da imprensa crítica, Bolsonaro e o entorno ideológico de seu governo, sobretudo o ministro das Relações Exteriores, Ernesto Araújo, e o filho presidencial Eduardo Bolsonaro vêm buscando uma aproximação com a Hungria por meio da religião. Os dois países, ao lado dos Estados Unidos, fazem parte de uma aliança para a defesa da liberdade religiosa; na realidade, trata-se de um alinhamento dos países cristãos ocidentais conservadores, aos quais se soma também a Polônia.

Mas, além da religião, outro grande ponto de convergência entre os governos de direita do Brasil e da Hungria é o enfraquecimento da imprensa crítica.

Na Hungria, os pacotes de leis de imprensa e imprensa baixados pelo primeiro-ministro Viktor Orbán após 2010 foram um divisor de águas na cruzada do líder húngaro contra o jornalismo crítico. Segundo a legislação, veículos de imprensa poderiam ser multados em até 1 milhão de dólares se sua cobertura fosse considerada "desequilibrada" ou parcial. Pessoas não poderiam ser retratadas "de forma degradante" — caberia a um juiz determinar o que era degradante; estariam proibidas ofensas à dignidade humana e violação da ordem constitucional. Desde então, a legislação não foi usada muitas vezes para punir jornalistas e veículos de mídia, mas continua lá, pendendo como uma espada de Dâmocles.[52]

Os jornais húngaros foram fechando as portas porque dependiam de publicidade do governo, que boicotou diários críticos e pressionou empresas privadas a também retirar publicidade desses jornais. Ao mesmo tempo, o governo foi construindo um império de mídia. Lörinc Mészáros, ex-prefeito da cidade onde cresceu o primeiro-ministro húngaro, de quem é amigo de infância, tornou-se o segundo homem mais rico da Hungria durante o governo do Fidesz. Ele, que começou como instalador de tubulações, ganhou uma série de licitações do governo e hoje é dono de um conglomerado nos setores de finanças, construção, energia, turismo e mídia. Segundo o levantamento da Bloomberg de 2019, a fortuna do ex-prefeito, incluindo a de sua mulher, chega a 1,5 bilhão de dólares.

Mészáros e outros empresários próximos do governo foram comprando veículos de mídia enfraquecidos financeiramente. Em 2018, eles "doaram" todos os 467 veículos de imprensa — tvs, rádios, jornais, sites noticiosos, muitos dos quais haviam sido comprados com empréstimos de bancos estatais — para a Közép-Európai Sajtó és Média Alapítvány (kesma), uma fundação que é, na prática, controlada pelo governo. Logo depois dessa consolidação da mídia, Orbán baixou um decreto isentando a entidade da regulamentação da Autoridade de Concorrência da Hungria, que controla o excesso de concentração de mercado, e do Conselho de Mídia.

Depois de encerrarem as atividades dois dos mais influentes jornais diários, *Népszabadság* e *Magyar Nemzet*, restou apenas um jornal independente no país, o *Népszava*, com circulação de modestos 20 mil exemplares diários. Com isso, cerca de 90% da mídia húngara hoje é de alguma maneira controlada ou influenciada pelo governo.

As tvs também foram atingidas. Em 2018, a tv2, alinhada ao governo, recebeu 67% das verbas publicitárias estatais para o meio televisivo. Já a rtl Klub, com audiência equivalente, ficou com apenas 1%.

Além disso, Orbán aprovou tributação que atingia em cheio a RTL — passou a prever impostos maiores sobre empresas de mídia e telecomunicações controladas por estrangeiros. A alemã Bertelsmann controla a RTL.

"Para piorar, anunciantes privados, tanto húngaros como estrangeiros, são pressionados a não anunciar na mídia independente. Não está claro se isso se deve a pressões diretas ou autocensura, por medo de retaliações econômicas ou tributárias pelo governo", diz o relatório sobre liberdade de imprensa na Hungria elaborado por entidades como International Press Institute (IPI), Article 19, o Committee to Protect Journalists (CPJ), o European Centre for Press and Media Freedom (ECPMF), a European Federation of Journalists (EFJ), a Free Press Unlimited (FPU) e o Repórteres sem Fronteiras (RSF) no fim de 2019. O relatório continua:

> Enquanto evita violência física ou detenção de jornalistas, comuns em outros regimes autocráticos, o governo húngaro tem adotado uma estratégia clara para silenciar a imprensa crítica por meio da manipulação do mercado de mídia — induzindo ao fechamento [de veículos] ou à compra, por parte de empresários amigos, de veículos de imprensa independentes — ou pela deslegitimação de jornalistas. A construção de um império de mídia pró-governo serve como uma

máquina de propaganda para o primeiro-ministro Viktor Orbán, ao impedir que grande parte do público tenha acesso a notícias críticas e informações. [...] A mídia independente que sobrou, tanto a que se inclina à direita como a que é mais de esquerda, é regularmente alvo de difamação, chamada de inimiga da Hungria, militante política, traidora.[53]

Jornalistas de veículos críticos são impedidos de cobrir eventos oficiais, de entrevistar integrantes do governo. Sobraram apenas alguns poucos veículos independentes, na maioria sites noticiosos e investigativos.

Na Polônia, o governo segue os passos da Hungria em sua tentativa de empoderar uma mídia pró-governo, embora ainda esteja em um estágio anterior. Lá, há uma instrumentalização da mídia estatal, que se tornou porta-voz do governo.[54] As TVs estatais têm um viés claro: retratam um mundo em que o presidente Donald Trump é o maior líder mundial, França e Alemanha são vistas com suspeita, migrantes são criminosos e há uma conspiração LGBT para minar a família tradicional.

Outro primo ideológico de Bolsonaro é o presidente das Filipinas, Rodrigo Duterte. Como o brasileiro, ele se elegeu com uma plataforma linha-dura contra a criminalidade. No caso de Duterte, ele vem empreendendo uma guerra contra as drogas que já causou mais de 20 mil mortes, entre usuários, traficantes e outros, a pretexto de "limpar" o país do crime.

Pouco depois de assumir, em 2016, o filipino já chancelou a violência contra profissionais de imprensa: "Só porque você é jornalista você não está livre de ser assassinado, se você for um filho da puta. Liberdade de expressão não poderá ajudá-lo se você tiver feito alguma coisa errada", disse Duterte em 2016.[55]

Todos os veículos que criticaram ou investigaram a política antidrogas de Duterte caíram em desgraça com o líder filipino, que invariavelmente os acusa de propagar fake news, e lança mão de *trolls* governistas que infernizam as redes sociais dos jornalistas escolhidos como alvo. Em julho de 2017, por exemplo, Duterte ameaçou o *Daily Philippines Inquirer*, jornal crítico ao governo, com um dossiê sobre supostos crimes tributários de seus donos.

Em novembro de 2018, a premiada jornalista Maria Ressa, editora do Rappler, site noticioso crítico a Duterte, foi acusada de fraude fiscal. Em 11 de dezembro de 2018, o dia em que a revista *Time* a anunciou como uma das Pessoas do Ano 2018, ela havia acabado de depositar, na semana anterior, uma fiança de 60 mil pesos (cerca de 5600 reais) para evitar ser presa.

O Rappler entrou na mira do presidente Rodrigo Duterte pela cobertura da guerra às drogas. A ONG Anistia Internacional chamou a campanha antidrogas de "um empreendimento de assassinatos em larga escala".[56] A jornalista e o site também reportaram como Duterte e seus aliados usaram contas falsas em mídias sociais e pagaram *trolls* para disparar mensagens em massa e manipular a opinião pública. Em fevereiro e, de novo, em julho de 2019, a jornalista foi detida durante algumas horas. Depois da segunda prisão, ela pagou fiança e saiu do país. Maria, que já foi acusada onze vezes de alguma coisa por seu trabalho no Rappler, chegou a receber noventa mensagens de ódio por hora em sua conta do Facebook, incluindo ameaças de morte e estupro. A Presidência filipina também cassou a credencial do site e tem impedido seus jornalistas de participar de coberturas oficiais.[57]

"O grande problema é deixar que as mentiras circulem livremente nas redes sociais. É preciso mapear as redes que estão espalhando fake news, rastrear as fontes. É possível e é necessário fazer isso", Maria me disse em Doha, no Catar, onde participou de um debate sobre como combater a demonização da imprensa. "Precisamos fazer com que todos os veículos de mídia trabalhem juntos, porque todos serão atacados, mais cedo ou mais tarde", ela disse.

Maria Ressa afirma que Duterte utiliza as redes sociais de forma sistemática para encorajar ataques contra jornalistas. "No começo, eles atacavam qualquer um que questionasse as execuções extrajudiciais.

Num segundo momento, passaram a atacar jornalistas de forma bastante sistemática. Depois de criarem esse ambiente contra os jornalistas e o jornalismo, começaram a sufocar as empresas jornalísticas."

Segundo ela, com *"trolls* patrióticos", que disseminam ódio on-line patrocinados pelo Estado, eles conseguiram mutilar o jornalismo, levar o público a desacreditar os jornalistas.

> Assassinato de reputação era muito comum — usaram todos os animais possíveis para me xingar, zombavam da minha aparência, da minha voz. E diziam que os jornalistas críticos eram corruptos. Se você diz 1 milhão de vezes que alguém é corrupto, as pessoas acreditam. Nosso país deixou de ser uma democracia e passou a ser uma ditadura por meio do ódio on-line. Usavam a viralidade do Facebook para espalhar mentiras sobre os jornalistas.[58]

No final de 2019, Duterte e seus aliados no Parlamento começaram a falar em não renovar a concessão do maior canal de TV do país, o ABS-CBN, por supostas irregularidades empresariais. A concessão expirou no dia 5 de maio de 2020 e a emissora foi forçada a sair do ar. O Congresso filipino está negociando uma renovação da licença, mas legisladores governistas e o próprio Duterte tentam impedir que ela saia.

Dois governos do famigerado Foro de São Paulo, o grande ogro do governo Bolsonaro, também empregam táticas semelhantes às do brasileiro para intimidar a mídia. Obviamente, a situação na Venezuela e na Nicarágua, onde há inúmeros jornalistas presos e exilados, é muito pior do que a do Brasil. Mas outro dia, conversando com a jornalista nicaraguense Lucía Pineda, encarcerada pelo regime de Ortega, ela me disse: "Olho para o que está acontecendo no Brasil hoje e vejo algo muito familiar, nós passamos por isso dois ou três anos atrás. É assim que começa, vocês precisam se preparar".

Desde 2006, com a eleição do sandinista Daniel Ortega, a mídia independente na Nicarágua vem sendo alvo de ataques como pressão econômica, retenção alfandegária de papel e tinta de imprensa, indiciamento criminal de jornalistas. A escalada piorou a partir de 2014, quando entrou em vigor uma nova Constituição, que permitiu a reeleição indefinida do presidente.

Em abril de 2018, a população foi às ruas protestar contra uma reforma da Previdência e as manifestações acabaram se transformando num grande movimento contra o autoritarismo de Ortega e da primeira-dama Rosario Murillo, que é também vice-presidente. No auge da conflagração social, algumas rádios, como a Darío (cujo dono fugiu para o exterior) e a Tu Nueva Radio Ya foram incendiadas por milícias que apoiam o governo. A repressão do governo aos protestos deixou mais de trezentos mortos — inclusive um jornalista, Ángel Gahona — e desencadeou perseguições a vários órgãos de imprensa críticos a Ortega. Alguns jornalistas, considerados "traidores" e "golpistas", tiveram que fugir para o exterior e outros foram presos sob a acusação de terrorismo.

Em 21 de dezembro de 2018, a polícia invadiu a sede do canal de TV 100% Noticias, que noticiava o envolvimento do governo e de paramilitares no massacre, e prendeu seus diretores Lucía Pineda e Miguel Mora, além da repórter Verónica Chávez, mulher de Mora. Ortega os manteve presos por 172 dias, acusados de praticar terrorismo por fazer jornalismo crítico ao governo. Ficaram em solitária e foram submetidos a maus-tratos. Lucía e Miguel também venceram o prêmio de Liberdade de Imprensa do CPJ, e foi em Washington, em 2019, por ocasião da entrega da honraria, que nos conhecemos. Lembro que ela me disse que tudo o que ela queria fazer na prisão era rezar: "Foi a religião que me salvou, quando estava desesperada".

No caso da ditadura de esquerda da Nicarágua, os Estados Unidos têm sido bastante proativos, impondo sanções contra Ortega e fazendo pressão pela libertação dos presos políticos.

A redação da revista on-line *Confidencial* também foi invadida e seu dono, Carlos Fernando Chamorro, fugiu para a Costa Rica. Durante dezoito meses, o governo, por meio da administração alfandegária, reteve papel de imprensa e tinta necessários para a impressão de jornais. O jornal cotidiano *La Prensa*, fundado nos anos 1920, perdeu 75% das páginas e 70% da equipe — encolheu de 32 páginas para oito, e dos mais de cem funcionários sobraram trinta. Em janeiro de 2019, o diário publicou uma primeira página em branco com a frase "Você já imaginou viver sem informação?".

Dois jornais nicaraguenses haviam fechado as portas em setembro de 2019, por falta de insumos e pressões do governo — o *El Nuevo Diario* e o *Metro*. O *La Prensa* dava sinais de que teria de parar de circular logo, o que traria repercussões muito negativas para o governo Ortega. Em fevereiro de 2020, o presidente liberou os insumos. A Nicarágua despencou no ranking de Liberdade de Imprensa dos RSF — do 92º lugar em 2017 para o 117º em 2020.

Na Venezuela, o ex-presidente Hugo Chávez teve uma relação atribulada com a imprensa desde que os veículos começaram a noticiar fatos negativos sobre seu governo. Mas azedou de vez após a tentativa de golpe contra ele, em 2002. Muitos donos de veículos de mídia apoiaram a tentativa de derrubar Chávez —

e ele passou os anos seguintes fazendo retaliações. Atacava jornalistas, citando seus nomes em pronunciamentos em rede nacional; cassou licenças de rádios; não renovou concessões de canais de TV (em 2007 fechou a RCTV); seus apoiadores chegavam às vias de fato contra veículos tachados de "golpistas". Enquanto isso, direcionava recursos e anúncios do governo para as redes estatais Venezolana de Televisión (VTV) e Telesur.

Em meados de 2009, o governo deixou de renovar a concessão de 34 rádios por causa de uma formalidade burocrática. No final de 2010, Chávez baixou novas leis de internet e telecomunicações que ampliaram consideravelmente as possibilidades de censura e intervenção na mídia. A legislação estabelecia sanções para quem divulgasse mensagens que pudessem fazer "apologia ao crime", constituíssem manipulações midiáticas dirigidas a fomentar a inquietação na população ou desconhecessem as autoridades legitimamente constituídas. "É preciso proteger o povo da violência, da pornografia e do anonimato", explicou Chávez.[59]

Em outubro de 2011, com base na nova legislação, a Globovisión — que então já era a última TV privada crítica ao governo — foi multada em 2 milhões de dólares por reportagens sobre motins nas cadeias venezuelanas. As reportagens causariam ansiedade no público e instigariam intolerância, alegaram. O dono do canal, Guillermo Zuloaga, foi detido após ser acusado de "vilipendiar" o presidente venezuelano em um evento. Algumas acusações depois, acabou se exilando.

Em 2013, Zuloaga vendeu o canal para um grupo de empresários chavistas. "Nós somos inviáveis economicamente porque nossos lucros não cobrem nossos custos. [...] Somos inviáveis politicamente porque estamos em um país que está totalmente polarizado, e estamos do lado oposto de um governo todo-poderoso que quer que nós quebremos. E somos inviáveis legalmente, porque nossa licença de transmissão expirará logo e não há disposição de renová-la", disse Zuloaga na época.[60]

Ao trocar de mãos, a Globovisión baixou o tom e se tornou cordata com o governo de Nicolás Maduro, que assumiu após a morte de Chávez. Vários programas críticos ao governo foram cancelados, jornalistas foram demitidos ou pediram para sair. Alguns dos atuais donos da TV estão sob sanções do governo norte-americano, acusados de corrupção e colaboração com crimes do regime chavista. Maduro intensificou a cruzada contra a mídia, à medida que caíam os preços do petróleo, principal receita do país, e aumentava a repressão política.

Em abril de 2017, protestos contra o governo descambaram em agressões contra a imprensa, incluindo ataques físicos, prisões e censura. Mais de cem jornalistas foram detidos, feridos ou ameaçados na esteira dos protestos. Durante os protestos,[61] funcionários da agência reguladora de telecomunicações advertiram a Globovisión que se os choques contra as forças de segurança fossem transmitidos ao vivo, ou se ao longo da programação fossem pronunciadas palavras como "ditadura" ou "desobediência", o órgão tiraria do ar o canal de notícias.

Em novembro do mesmo ano, o governo avançou mais um passo na direção do silenciamento da imprensa ao adotar uma lei proibindo o compartilhamento de notícias que "promovem fascismo, intolerância ou ódio nas redes sociais ou plataformas digitais", com penas de até vinte anos de prisão. A lei também estabelece que toda semana os veículos de mídia são obrigados a transmitir mensagens "promovendo paz, tolerância, igualdade e respeito". Em dezembro de 2018, o diário *El Nacional*, fundado em 1943 e o último jornal de alcance nacional crítico ao governo, parou de circular na versão impressa. O governo vinha restringindo o acesso a papel-jornal — outras vinte publicações fecharam pelo mesmo motivo.

A Índia é outro país onde o governo tem sido muito bem-sucedido em eliminar o filtro da imprensa profissional e se comunicar diretamente com o eleitorado. Em quase seis anos de governo, desde que assumiu pela primeira vez como primeiro-ministro, em 2014, Narendra Modi deu apenas uma entrevista coletiva. Nessa "entrevista", em meio ao processo eleitoral, em maio de 2019, ele se limitou a fazer um discurso e não respondeu a nenhuma pergunta. Quando repórteres lhe perguntavam alguma coisa, Amit Shah, seu braço direito e líder do BJP na ocasião, dizia ao premiê que ele não precisava responder.

Prestar contas à sociedade e esclarecer projetos pela mídia é uma noção que passa ao largo da rotina de Modi, que se comunica com a população pelo Twitter e por um programa radiofônico mensal, o *Mann Ki Baat*. Fala apenas com veículos domesticados, em entrevistas chapa-branca em que ele conta, por exemplo, como colhia e comia mangas quando criança.

Ao longo do primeiro mandato de Modi, a mídia independente foi em grande parte sufocada. Prannoy Roy, dono da NDTV, um dos canais mais tradicionais da Índia e não alinhado ao BJP, sofreu busca e apreensão em junho de 2017 por supostos crimes financeiros. O governo cortou propaganda oficial em jornais e TVs críticos, como a NDTV, e pressionou anunciantes privados a romperem contratos com a emissora. A NDTV teve de demitir quatrocentas pessoas em 2019.

O partido de Modi também teria pedido o afastamento de jornalistas considerados incômodos. Bobby Ghosh, editor-chefe do *Hindustan Times*, pediu demissão após pressões do governo, insatisfeito com um rastreador de crimes de ódio lançado pelo jornal. Depois que ele deixou o jornal, o aplicativo — que monitorava crimes ligados a raça, religião e casta — saiu do ar.

O governo e seus apoiadores passaram a se informar por veículos como a TV Republic, fundada em 2017 com apoio do BJP, que veicula uma visão claramente favorável a Modi. "A Índia não é a Turquia ou a Rússia, mas os veículos de mídia estão com medo. Boa parte da imprensa tradicional foi cooptada e a que sobrou muitas vezes tem sido neutralizada, com a ampla disseminação pelas redes sociais de propaganda e fake news que favorecem o governo", me disse no fim de 2019 Sadanand Dhume, pesquisador do centro de pesquisas conservador American Enterprise Institute que está escrevendo um livro sobre o país.[62]

Modi também conta com exércitos de apoiadores ou *trolls* contratados para atacar quem quer que se levante contra sua agenda nacionalista hindu. Muito ativos nas redes sociais para moldar as narrativas, lançam frequentemente campanhas de linchamento virtual contra jornalistas, sobretudo mulheres. Grandes empresários que controlam veículos de imprensa também têm ditado uma cobertura amena do governo, para que seus negócios não sofram prejuízos.

"Essas ameaças [dos *trolls*] são ataques coordenados, que promoveram a autocensura na grande maioria das redações da Índia. Por isso, muitos de nós passamos a trabalhar como jornalistas independentes, para que nossas matérias investigativas sejam publicadas, em vez de serem derrubadas nessas redações", me disse a jornalista indiana Neha Dixit, alvo frequente de ataques.

Sobraram alguns poucos veículos independentes, como a NDTV, o jornal *The Hindu* e alguns sites noticiosos de jornalismo investigativo, como The Wire e Scroll. Mas, ao fechar as torneiras de verba publicitária oficial e pressionar anunciantes, Modi coloca em risco a existência desses últimos remanescentes da imprensa não acuada. Não à toa a Índia está em 142º lugar no ranking de Liberdade de Imprensa dos RSF, atrás de países como Sudão do Sul e Afeganistão.

Em *Furo!*, seu romance de 1938 que satiriza correspondentes estrangeiros, Evelyn Waugh mostra um dos personagens se vangloriando de uma regalia que os jornalistas tinham:

> Como regra, há uma coisa com que você pode sempre contar na nossa profissão: popularidade. Há muitas desvantagens, eu admito, mas você é apreciado e respeitado. Ligar para pessoas a qualquer hora do dia ou da noite, bater em suas casas sem ser convidado, para

fazê-los responder a uma série de perguntas tolas quando eles querem fazer outra coisa, e ainda assim eles gostam. Sempre um sorriso e tudo de melhor para os senhores da imprensa.[63]

Hoje em dia, quase nem dá para acreditar que jornalistas já foram populares e queridos. Boa parte da população pegou ojeriza pela categoria. Em parte, devido aos inúmeros erros e incompreensões da imprensa em relação à situação de uma massa de pessoas que se viram cada vez mais excluídas pela globalização. Continuamos a escrever reportagem após reportagem exaltando os méritos da imigração, fronteiras abertas, comércio internacional — sem ao menos levar em conta as queixas legítimas de populações afetadas por esse processo. Mas a reputação da mídia também foi arranhada com a campanha maciça de vários governos para deslegitimar o jornalismo profissional.

O momento exige autocrítica. Como recuperar a credibilidade que fomos perdendo ao longo dos anos? O que fazer para tornar a mídia mais confiável?

Transparência é a palavra-chave. Não basta dizer que o jornalista sicrano escreveu determinada reportagem. O público questiona cada vez mais a autoridade de experts, jornalistas aí incluídos, muito embora na maioria das vezes sejamos generalistas e não especialistas em alguma coisa. As pessoas querem saber quem escreveu, qual é a autoridade dessa pessoa para falar de determinado tema, há quanto tempo ela se dedica ao assunto, como obteve as informações. Resguardados princípios básicos como o sigilo da fonte, quanto mais se revelar sobre o autor de determinado artigo e como foi feita a reportagem, melhor. É a versão jornalística do "visite nossa cozinha".

O veículo também precisa deixar bastante claro o que é opinião e o que é fato. Deve revelar se tem algum conflito de interesses, se for, por exemplo, um jornal bancado por organizações com agenda específica, ou por pessoas com ligações políticas, o que é muito comum. Quando cometer um erro, o veículo precisa fazer uma correção que tenha, sempre que possível, destaque equivalente ao da informação errada. Reconhecer e tentar consertar erros é um dos diferenciais do jornalismo profissional.

O jornalismo militante ou a simples fabricação de notícias não implicam nenhum compromisso com a exatidão das informações. Não existe a seção Erramos, não se checam informações, não se consultam várias fontes. Portanto, o jornalismo profissional não pode, nunca, descuidar da checagem e das correções.

Agora, tudo isso significa que, muitas vezes, esses veículos darão notícias — ou emitirão opiniões — que desagradam a seus leitores. Ao contrário do que circula pelas redes sociais ou por sites hiperpartidários, o objetivo da mídia crítica não é corroborar as opiniões preexistentes das pessoas. Não, jornalismo profissional não é concurso de Miss Simpatia. Muitas vezes os leitores e espectadores vão detestar o que publicamos.

O Trust Project [Projeto Credibilidade], que reúne dezenas de veículos de mídia, entre eles *Economist, El País, Washington Post, La Repubblica, Folha de S.Paulo, O Povo,* Poder 360 e Nexo, estabeleceu, após ouvir pessoas no mundo todo, critérios para avaliar a credibilidade de artigos e veículos. O projeto está trabalhando com grandes plataformas de tecnologia como Facebook, Google e Twitter para que os algoritmos dessas plataformas de alguma maneira mostrem ao internauta os artigos que reúnem uma série de características que os tornam mais confiáveis.

Isso tudo não vai tornar a imprensa profissional mais querida, mas pode recuperar um quinhão da credibilidade perdida e deixá-la mais preparada para enfrentar o ataque sistemático promovido por líderes populistas atualmente. Não há como a imprensa desempenhar bem seu papel de vigilante das instituições e, ao mesmo tempo, agradar à maioria dos leitores e governantes. Antes de mais nada, porque muitos deles padecem de uma incompreensão básica sobre a função do jornalismo.

No fim de março, em uma entrevista coletiva, perguntaram a Bolsonaro o que ele tinha a dizer sobre uma pesquisa de opinião que mostrava baixa aprovação das pessoas à sua condução do país na pandemia do coronavírus. Ele demonstrou irritação: "A imprensa é importantíssima para divulgar a verdade, mas não é com pergunta como essa, feita por essa senhora [repórter] aqui do meu lado. [É] uma pergunta impatriótica, que vai na contramão do interesse do Brasil, que leva ao descrédito da imprensa brasileira. É uma pergunta, me desculpem, infame até".[64]

Ao dizer que a pergunta da jornalista foi "impatriótica", o presidente deixa patente que não compreende o papel da mídia. Imprensa não foi feita para ser patriótica ou bajular algum governo. A função do jornalismo profissional é investigar e fiscalizar o poder público. Se houver notícias positivas, há que se reportar. Se as informações forem negativas, também. Esse papel é primordial para o funcionamento da democracia — o jornalista como cão de guarda.

Resgato a carta aberta que Otávio Frias Filho, que dirigiu a Redação da *Folha* até sua morte, em 2018, escreveu ao então presidente Fernando Collor.

Durante a campanha eleitoral de 1989, a *Folha* publicou uma série de reportagens investigativas sobre indícios de irregularidades nas gestões de Collor como prefeito de Maceió e governador de Alagoas. O então candidato não gostou das matérias feitas pelos grandes jornalistas Elvira Lobato, Gilberto Dimenstein e Clóvis Rossi. Em meio à animosidade crescente com o governo, em março de 1990 a Polícia Federal invadiu o jornal, afirmando que precisava investigar como estavam sendo feitas cobranças de publicidade.

Em texto escrito anos depois, o jornalista Mario Sergio Conti descreveu a situação: "Seja como candidato, seja como presidente, Fernando Collor de Mello sempre considerou a *Folha* um jornal inimigo. E agiu de acordo com essa crença: menos de dez dias depois de tomar posse, deu sinal verde para que a Receita e a Polícia Federal invadissem o jornal e quatro meses mais tarde processou o seu diretor de Redação e outros três jornalistas".[65]

Em sua carta a Collor, em abril de 1991, Otávio Frias Filho escreveu: "Seu governo será tragado pelo turbilhão do tempo até que dele só reste uma pálida reminiscência, mas este jornal — desde que cultive seu compromisso com o direito dos leitores à verdade — continuará em pé: até mesmo o sr. é capaz de compreender por que a minha causa é maior e mais forte e mais justa que a sua".[66]

Quase trinta anos depois, a *Folha*, a Globo, o *Estadão* e vários outros veículos de mídia profissionais continuam de pé. Mas, ao lado da investida de líderes populistas e da fragilidade financeira, o maior risco que eles correm é se tornarem oposição ao governo. Ouso divergir do grande Millôr Fernandes, que cunhou a tão citada máxima: "Imprensa é oposição. O resto é armazém de secos e molhados".[67]

Ao se tornar um estandarte de resistência ao governo, a mídia profissional adota uma postura de oposição. Por mais que sejam atacados e achincalhados pelos ocupantes do poder, os veículos jornalísticos precisam se lembrar, todos os dias, de que seu papel não é apoiar ou se opor a governos. A tarefa primordial é investigar igualmente governo e oposição, esquerda e direita, de forma apartidária.

Isso não renderá aplausos aos jornalistas, sem sombra de dúvida. Mas garantirá que os cães de guarda da democracia passem incólumes por essa borrasca populista.

CONCLUSÃO
SERÁ QUE UMA PANDEMIA PODE SALVAR O JORNALISMO?

No dia 31 de março de 2020, apoiadores de Bolsonaro hostilizaram pela enésima vez os jornalistas que tentavam obter respostas do presidente sobre a epidemia de coronavírus no famoso cercadinho do Palácio da Alvorada. Diante das provocações, um repórter virou as costas e foi embora, seguido pelos demais. "Vai embora, pode ir, nós não precisamos de vocês não", disse um youtuber que costuma engrossar a claque do presidente toda manhã. "Esse pessoal não se conforma... temos aqui o Cafezinho com Pimenta, o canal do Emerson Teixeira, e a gente pode falar o que a gente quer", disse outro. "Vocês perderam o monopólio da informação. A era das trevas acabou. Acabou a mamata, meu amigo. Agora a gente tem a internet", berrou um dos mais exaltados. E concluiu: "A gente se informa uns com os outros".[1]

Se tem uma coisa que a pandemia do coronavírus provou é que não, a gente não se informa "uns com os outros", e não adianta simplesmente "ter a internet".

O mundo está combatendo não apenas uma epidemia, mas também uma "infodemia", como disse Tedros Adhanom, diretor da Organização Mundial da Saúde (OMS). Existe uma superabundância de informações, algumas verdadeiras, outras não, o que torna muito difícil encontrar fontes confiáveis e orientações corretas a respeito da covid-19. A infodemia também representa um risco à saúde pública, porque as pessoas precisam de diretrizes sérias para se protegerem e ajudarem a conter a disseminação da doença.

É muito fácil ficar perdido em meio à avalanche de informação e desinformação. Centenas de estudos publicados demonstrando a eficácia desta ou daquela droga, correntes de fake news pelas redes sociais recomendando métodos esdrúxulos de combate ao vírus, autoridades tentando esconder dados que prejudicam sua imagem, governantes que sugerem às pessoas que injetem desinfetante, que dizem que a doença é uma gripezinha e que não é necessário praticar o distanciamento social.

A epidemia evidenciou a importância de jornalistas profissionais que produzem notícias fundamentadas. Em um momento em que informações corretas salvam vidas, as pessoas começaram a desconfiar mais das "tias" do WhatsApp e dos malucos do Twitter, governantes aí incluídos. Jornalistas não se limitam a colher informações; eles também ajudam a distinguir o que é verdade do que é mentira, o que é importante do que não é. A curadoria da informação ganhou relevância.

Depois de muito tempo em queda, a credibilidade de jornais, sites noticiosos e TVs vem se recuperando. De acordo com uma pesquisa do Datafolha de 10 de abril de 2020,[2] 83% das pessoas confiam nas informações divulgadas pelos telejornais; 79% confiam nos jornais impressos; 72% em sites de notícias; 64% em programas jornalísticos no rádio. Apenas 30% acreditam em informações sobre o coronavírus que chegam pelo Facebook, e 28% pelo WhatsApp.

A revalorização do jornalismo é um fenômeno mundial. Nos Estados Unidos, 83% dos americanos dizem confiar em informações sobre o coronavírus obtidas por meio de sites noticiosos (incluindo de jornais, revistas e TVs), e 50% acreditam no que leem sobre o vírus nas redes sociais, segundo pesquisa da VerizonMedia divulgada em abril de 2020.[3]

Com as pessoas praticamente abduzidas pelo noticiário sobre a doença, as assinaturas e a audiência cresceram. Sites de grandes veículos de mídia nos Estados Unidos, como *Washington Post*, *New York Times* e CNBC, tiveram aumento de mais de 50% na audiência.[4] Em contrapartida, aqueles com viés ideológico — como o Daily Caller, à direita, e o Truthdig, à esquerda, que priorizam opinião em detrimento de relatos factuais — ou experimentaram uma queda no tráfego de internautas ou ficaram estagnados.

Também no Brasil a audiência on-line de revistas, jornais e sites noticiosos subiu — segundo o Instituto Verificador de Circulação, em março de 2020 ela cresceu 51% em relação a fevereiro, e 41% em relação a janeiro.

Não fosse a imprensa profissional, que trabalha com fatos, e não achismo, nada saberíamos sobre a subnotificação de casos de covid-19 no Brasil, a falta de insumos em hospitais, os avanços na pesquisa científica de tratamentos e vacinas, e o auxílio emergencial do governo que não está chegando para muita gente que precisa desesperadamente dos seiscentos reais. Jornalistas estão trabalhando como nunca para dar conta da quantidade avassaladora de informações que devem ser checadas e investigadas. Muitos repórteres precisam ir para a rua colher informações sobre a pandemia. Esses jornalistas têm família. Eles deixam em casa pais, maridos, mulheres, namorados, namoradas ou filhos, e expõem-se ao risco de se contaminar.

E muitas pessoas voltaram a reconhecer que o trabalho dos jornalistas é essencial.

Em meados de abril de 2020, o repórter fotográfico Eduardo Anizelli e eu passamos três dias no Instituto Emílio Ribas, um dos hospitais públicos referenciados para o atendimento de covid-19 em São Paulo. O hospital foi fundado em 1880 como Lazareto dos Variolosos, onde ficavam em quarentena doentes com varíola, que na época chegava a matar em 30% dos casos. Em 140 anos, o instituto esteve na linha de frente do combate a várias epidemias — meningite nos anos 1970, HIV a partir dos anos 1980, H1N1 no fim dos anos 2000.

O Emílio Ribas foi o primeiro hospital da rede pública de São Paulo a ficar com a UTI lotada de pacientes com covid. Queríamos mostrar como era a realidade dos médicos, médicas, enfermeiros e enfermeiras que estavam no front de combate. Os brasileiros estavam confusos com a enxurrada de fake news e mensagens conflitantes. Governadores como João Doria, de São Paulo, pediam que as pessoas não saíssem de casa enquanto o presidente dizia que todos deveriam sair para trabalhar, para não morrer de fome.

De fato, parte da população pobre foi duramente atingida pela crise econômica, com demissões e suspensões de contrato, e era fácil ficar com raiva das medidas sanitárias e de quem as estava implementando. Tudo o que se via eram ruas vazias, empresas fechando, demissões, e os boletos continuavam chegando. A doença ainda ficava num campo abstrato, em algumas imagens na TV e internet. Por isso era ainda mais importante que pudéssemos mostrar o dia a dia de um hospital público, conversar com os profissionais de saúde e com os familiares dos doentes — para que essa realidade se tornasse mais palpável.

Conheci a aposentada Austrália Maia Juvêncio na sala de espera do Instituto Emílio Ribas. De máscara, ela mantinha uma distância segura de outros familiares. Estava lá para ver seu filho Ricardo, intubado na UTI havia 26 dias devido à covid-19. Era o dia do aniversário dele, 43 anos. Na semana anterior havia morrido Renato, o primogênito de d. Austrália, também contaminado pelo coronavírus. "Foi tudo muito rápido, nossa vida virou de ponta-cabeça."[5] Dona Austrália estava com medo de perder outro filho.

Cinco dias depois de nosso encontro, houve um grande protesto contra as medidas de distanciamento social e contra o governador João Doria, em apoio a Bolsonaro. Mais de cem motos e carros, além de um carro de som, percorreram a avenida Rebouças e a Paulista. Embrulhados em bandeiras do Brasil e em seus veículos com ar-condicionado, os manifestantes protestavam contra a quarentena porque o país não podia parar e a mídia exagerava a gravidade do vírus. Eles gritavam e buzinavam a menos de um quilômetro do hospital Emílio Ribas e do Hospital das Clínicas, onde naquele exato momento doentes morriam de covid-19 e familiares como d. Austrália tentavam manter a esperança. No dia do protesto, 18 de abril, o número acumulado de mortos pela doença em São Paulo chegou a 991.

"Esse pessoal que está na rua não acredita no vírus", d. Austrália me disse quando a entrevistei. A manifestação que ocorreria cinco dias depois não era a primeira. Seu filho Ricardo teve sorte. Foi extubado e passou a respirar sem ajuda de ventilador mecânico. Um dia depois de seu aniversário saiu da UTI e foi para um leito na enfermaria.

Médicos e enfermeiras do Emílio Ribas valorizaram o esforço dos jornalistas em mostrar o que estava ocorrendo. "Ainda bem que vocês vão fazer reportagem", disse a chefe da enfermagem da UTI, Marly Angélica.

> A evolução dessa doença é muito rápida. A pessoa começa a ter sintomas, vai no médico, piora um pouquinho e três dias depois chega aqui de SAMU e tem que ser intubada. Vejo esse pessoal fazendo protesto na rua, dizendo que coronavírus não é nada, que isolamento é besteira, e fico triste. Daqui a pouco, vão estar todos batendo aqui na porta do hospital. Vocês precisam mostrar o que está acontecendo.[6]

E é justo neste momento de revalorização do jornalismo que a imprensa, no Brasil e no mundo, enfrenta desafios colossais. A crise econômica decorrente da pandemia atingiu em cheio os veículos de mídia, já fragilizados financeiramente. Setores que estavam entre os principais anunciantes em TVs e jornais — companhias aéreas, empresas de viagens e turismo, redes de varejo, incorporadoras, montadoras de automóveis — foram dos mais afetados pelos efeitos da covid-19. O detrator-chefe da imprensa, Donald Trump, não conseguiu conter o regozijo. "Publicidade no fracassado *New York Times* caiu MUITO. *Washington Post* não está muito melhor. Não sei se é porque eles são fonte de fake news, em um nível que poucos conseguem entender, ou se é porque o vírus simplesmente está dando uma surra neles", ele escreveu no Twitter.[7]

Segundo um levantamento da Associação Mundial de Publishers de Notícias, o faturamento com publicidade caiu entre 30% e 80%. Eventos, como seminários sobre determinado tema, com patrocínio, que também eram importante fonte de receita para veículos de imprensa, despencaram por causa das medidas de isolamento social para conter a epidemia. A audiência subiu, mas não foi suficiente para compensar a queda nos anúncios, ainda a maior parte da receita na grande maioria dos veículos.

Nos Estados Unidos, até o fim de abril de 2020, cerca de 36 mil funcionários de empresas de mídia foram demitidos, entraram em licença não remunerada ou tiveram os salários reduzidos.[8] Penny Abernathy, professora de jornalismo e economia da mídia digital da Universidade da Carolina do Norte, estimou em entrevista ao *Guardian* que centenas de jornais fechariam as portas no país. "Provavelmente isso levará os jornais menores à extinção, além de alguns grandes que integram cadeias", ela disse.[9] No Brasil, a maioria dos grandes jornais e revistas brasileiros, e algumas TVs, anunciou reduções de 25% a 50% nos salários dos jornalistas.

Os jornalistas já estavam na mira de uma campanha sistemática de agressões do governo e seus apoiadores, e os ataques não pararam. Bolsonaro manteve por semanas a estratégia de minimizar a gravidade da doença e dizer que era invenção da imprensa. "Obviamente temos no momento uma crise, uma pequena crise. No meu entender, muito mais fantasia, a questão do coronavírus, que não é isso tudo que a grande mídia propala ou propaga pelo mundo todo", ele disse,[10] e essa retórica insuflou ainda mais seus apoiadores. Relatos de hostilidades pipocaram. No meio de abril, uma jornalista de TV e um cinegrafista faziam uma matéria em frente a uma farmácia em São Paulo quando um senhor passou na frente da câmera e gritou: "Esse vírus não existe, é tudo invenção de vocês da imprensa, que querem derrubar o presidente". O tema da reportagem era a necessidade de manter uma distância mínima entre as pessoas dentro dos estabelecimentos para evitar a contaminação pelo coronavírus. Em outro dia, a mesma equipe fazia uma filmagem na rua quando um homem berrou: "Seus golpistas, vocês querem que a gente morra de fome, vou mandar meus boletos pra vocês". Conforme me contou a jornalista, "todo dia acontece um episódio desses com algum colega".

Enquanto isso, o número de notícias falsas batia todos os recordes. Com a maior parte do planeta presa dentro de casa por causa da pandemia, sem poder ir ao parque, cinema ou restaurante, o tempo que as pessoas passavam on-line explodiu. O Facebook teve alta de 27% no tráfego diário entre o fim de fevereiro e o fim de março de 2020.

Ainda que as pessoas estivessem um pouco mais céticas em relação às notícias que chegavam pelas redes sociais, o volume de fake news era avassalador.[11] O surgimento de uma doença nova e misteriosa é prato cheio para todo tipo de boato e teoria da conspiração. Foi chocante ver tanta gente supostamente esclarecida dizendo que a doença era um plano do governo chinês para dominar a economia mundial, ou que era uma arma biológica. O próprio ministro das Relações Exteriores, Ernesto Araújo, caprichou na birutice ao apelidar o coronavírus de comunavírus e dizer que o micro-organismo serviria para o "projeto globalista" que seria um "novo caminho do comunismo", algo que já vinha sendo implementado através do "alarmismo climático", da "ideologia de gênero, do dogmatismo politicamente correto, do imigracionismo, do racialismo [...], do antinacionalismo e do cientificismo".[12]

Como sabemos, fake news circulam com muito mais velocidade que as notícias verdadeiras. Segundo um estudo do Massachusetts Institute of Technology, notícias falsas têm probabilidade 70% maior de serem retuitadas do que as verdadeiras. E as notícias verdadeiras levam seis vezes mais tempo que as fake news para atingir o número-padrão de 1500 pessoas.[13] Ou seja, desmentir notícias falsas é enxugar gelo. Como fazer a checagem de fatos viralizar tão rápido quanto as notícias falsas é a pergunta de 1 milhão de dólares, diz Cristina Tardáguila, diretora-adjunta da Rede Internacional de Checagem de Fatos. Os checadores estão testando diversas estratégias para tornar as correções de boatos mais "viralizáveis". "Quando um influenciador digital compartilha uma checagem, por exemplo, viraliza muito; também estamos tentando novos formatos, não dá para a checagem ser só em texto, estamos usando áudios, cartuns e vídeos", ela contou.

O volume de mentiras sobre o coronavírus foi tão brutal que até as grandes plataformas de tecnologia, notoriamente avessas a assumir o papel de "moderadores", passaram a derrubar posts comprovadamente mentirosos.

Essas Big Techs insistiram durante anos que defendem o princípio da livre expressão — com a livre competição no "mercado das ideias", a melhor ideia vence, isto é, a verdade acabaria surgindo, sem interferência ou censura. "Nós somos uma empresa de tecnologia, não de mídia", declarou Mark Zuckerberg, o fundador do Facebook, em 2016, explicando por que a plataforma não iria moderar conteúdo.[14] Depois, em 2018, ele chegou a dizer que o Facebook não deveria derrubar posts nem de pessoas que negam a existência do Holocausto. "Eu acho profundamente ofensivo [negacionistas do Holocausto]. Mas não acho que nossa plataforma deveria derrubar esses posts, porque pessoas diferentes entendem algumas coisas de maneira errada; eu não acho que elas entendem errado intencionalmente", disse.[15]

No caso, o Holocausto não deixará de existir por causa de uma postagem de alguém que nega o massacre dos 6 milhões de judeus na Segunda Guerra Mundial. Penso, porém, que esse post deva ser retirado, no mínimo por ser linguagem que incita o ódio, mentir e desrespeitar a memória de todos que morreram nos campos de concentração. Da mesma maneira, a Terra não deixará de ser redonda porque os terraplanistas compartilham vídeos negando a esfericidade do planeta. Mas, no Irã, pelo menos 44 pessoas morreram depois de tomarem álcool adulterado, acreditando no boato de que a bebida ajudaria a proteger da covid-19.

Numa epidemia, fake news matam. As plataformas se viram obrigadas a intervir, ainda que de forma incipiente.

O Facebook começou a trabalhar com sessenta agências de checagem de fatos que verificam conteúdo em mais de cinquenta idiomas. Quando algo é considerado falso ou enganoso, a plataforma reduz a distribuição do post ou insere um alerta, além de derrubar as postagens que podem levar a danos à saúde. O Twitter passou a remover tuítes de pessoas que duvidam ou refutam orientações das autoridades sanitárias, incitando os usuários a não respeitar o distanciamento social, por exemplo, ou que propagandeiam tratamentos não comprovados ou prejudiciais, como a ingestão de cloroquina. "Qualquer desinformação relacionada à covid-19 que cria risco de danos reais às pessoas — 'tome desinfetante se você tiver algum dos sintomas', como vimos — será retirada do Instagram, não importa se for de um político, ou de quem quer que seja", disse Adam Mosseri, CEO do Instagram, em uma live.[16]

De fato, chefes de Estado não foram poupados do maior escrutínio das plataformas de tecnologia. Alguns tuítes de Trump receberam um selo de advertência da plataforma por conterem desinformação. Em um deles, do fim de maio, o presidente americano afirmava que a votação por correio (permitida nos Estados Unidos) é fraudulenta. O Twitter acrescentou um alerta que dizia "Obtenha informações sobre votação por correio", direcionando para matérias jornalísticas que contestavam as fake news de Trump. O Facebook apagou um dos vídeos publicados por Bolsonaro por promover desinformação, segundo informou a empresa. No vídeo, Bolsonaro dizia: "Eles querem trabalhar, é o que eu tenho falado desde o começo", defendendo o fim do isolamento social recomendado pela OMS para conter a pandemia. Mais adiante, o presidente afirmava: "Aquele remédio lá, hidroxicloroquina, está dando certo em tudo o que é lugar".[17] Não há estudos conclusivos sobre a eficácia do medicamento, e médicos apontam para a ocorrência de problemas cardíacos em alguns dos pacientes tratados com a substância.

O Twitter também apagou vídeos de Bolsonaro por potencialmente "colocarem as pessoas em maior risco de transmitir covid-19". O mesmo aconteceu com um vídeo de Olavo de Carvalho, banido do YouTube — o que prontamente levou ativistas de extrema direita a abraçar a bandeira da liberdade de expressão e acusar as plataformas de censura.

Já o WhatsApp, a ferramenta mais propícia para campanhas de desinformação por causa do sigilo do conteúdo, anunciou a limitação no número de encaminhamento de mensagens. Quando a plataforma detectava que uma mensagem estava viralizando, esse conteúdo passava a poder ser retransmitido apenas uma vez por usuário, e não cinco, como ocorre normalmente.

Os executivos da plataforma decerto se lembraram da onda de linchamentos na Índia, no primeiro semestre de 2018, assim que o WhatsApp transmitiu uma avalanche de boatos e fake news sobre crianças sequestradas. Depois disso, em julho de 2018, a empresa reduziu de vinte para cinco a quantidade de encaminhamentos possíveis de uma mensagem na Índia. Esse limite passou a ser global apenas em janeiro de 2019, tarde demais para evitar o show de horrores de fake news da eleição brasileira.

Um terceiro grande desafio para a mídia em tempos de coronavírus é uma epidemia de outra natureza: de autocratas que se servem da doença como pretexto para implementar medidas autoritárias e restringir a liberdade de imprensa. Durante a covid-19, o International Center for Not-for-Profit Law (ICNL) criou um Rastreador de Liberdades Civis que monitora as violações na esteira da pandemia.

Segundo o levantamento da ONG, 86 países fizeram declarações de emergência por causa da pandemia e 34 adotaram medidas que cerceiam a liberdade de expressão. Desses 34 países, dezoito criaram legislações para coibir a disseminação de fake news — e, como sabemos, muitos governantes sequestraram o termo fake news, que passou a abranger qualquer notícia que desagrade ao governo. Como relatou em reportagem o colega Bruno Benevides,[18] na Bolívia, quem publicar informações erradas contra as regras de isolamento pode ser processado e condenado a até dez anos de prisão. Na Hungria, o tempo de prisão para quem divulgar informações falsas ou distorcidas sobre a pandemia é de cinco anos, enquanto no Zimbábue a detenção pode chegar a vinte anos.

No Brasil, em maio de 2020, ao menos vinte estados haviam implementado ou negociavam a aplicação de leis para punir quem espalha fake news, muitas vezes com multas. Um projeto de lei federal, em discussão no Congresso, sugeria medidas — tão drásticas que conseguiu unir na mesma trincheira bolsonaristas, plataformas de internet e entidades preocupadas com liberdade de expressão — como, entre outras, a exigência de identificação com CPF e RG para quem quiser ter contas em redes sociais; a adoção de um "score" para usuários das redes, baseado em notas de outros usuários; a obrigação de as plataformas retirarem ou rotularem qualquer conteúdo alvo de ação judicial, mesmo sem a decisão final na Justiça. Ou seja, se um governante não gostasse de determinada notícia, bastaria acionar seus advogados e as plataformas iam ter que remover ou rotular todas as informações "desagradáveis".

Com isso, a discussão sobre regulação das redes para coibir a epidemia de desinformação acabava, mais uma vez, binária. De um lado, Facebook, Google e Twitter resistindo a qualquer responsabilização, sob o argumento de que toda regulamentação vai resultar em perda de liberdade de expressão. Para combaterem fake news, essas plataformas sempre oferecem "educação midiática" e checagem de fatos. Achar que as pessoas vão sair do WhatsApp para checar em outras fontes a veracidade da informação é, no mínimo, fantasioso. Não dá para aceitar bovinamente o argumento de que qualquer regulamentação dos gigantes da internet vai acabar com a internet livre. Por outro lado, acreditar que uma lei despótica será a bala de prata para matar a desinformação também é ilusório. É preciso discutir com cuidado e ampla participação da sociedade civil como conceituar o que são notícias falsas e punir quem as financia e as espalha.

Num país onde o governo instituiu um "placar da vida" para divulgar em suas redes sociais apenas o número de pessoas curadas, e não os milhares de mortes pela covid-19, era natural que o presidente Bolsonaro tentasse fazer da transparência mais uma vítima da pandemia. Nesse sentido, ele editou uma medida provisória que fragilizava a lei de acesso à informação, um dos principais instrumentos para fiscalização do poder público. A medida suspendia o prazo que os agentes públicos têm para responder aos pedidos de informação, usando a epidemia como justificativa. Mas foi derrubada por um ministro do Supremo Tribunal Federal. "Ironicamente, leis que buscam proibir notícias falsas podem resultar na supressão de notícias verdadeiras, incluindo a divulgação de análises não partidárias. Isso é especialmente importante quando essas análises vão contra a posição ou a política de um governo", disse Zachery Lampell, da ICNL, à *Folha*.[19]

Mas, apesar de todos esses obstáculos, neste momento a imprensa tem uma oportunidade única de renascer e combater a manipulação global da opinião pública pelas redes sociais. Em um tempo de tantas incertezas, houve um recuo da onda de aversão à expertise. É necessário capitalizar a redescoberta do jornalismo e se associar aos reconvertidos. Meios de comunicação que não dependem tanto de anunciantes e de publicidade do governo são os maiores candidatos a não apenas sobreviver à pandemia, mas também emergir mais fortes da crise.

Veículos que formaram uma base substancial de assinantes on-line, como *Financial Times*, *Wall Street Journal*, *Washington Post* e *New York Times*, ficam menos sujeitos às vicissitudes do governo da vez e adaptam-se melhor a quedas bruscas na publicidade. O *NYT*, por exemplo, chegou a 5,2 milhões de assinantes no final do ano passado. Há que se fazer a ressalva de que, para esses meios, é mais fácil conquistar um número enorme de assinantes, uma vez que eles têm como público-alvo todas as pessoas no mundo que falam inglês.

Outros veículos também vêm encontrando caminhos. Alguns dependem de pequenas doações de leitores e de financiamento de fundações, como a Agência Pública e o Intercept no Brasil, e a ProPublica nos Estados Unidos. Outros, como o *Guardian*, que se financia através de um fundo de *endowment*, lançou programas de associados, algo que também é feito em veículos como o *Texas Tribune*. Em comum, todos dependem principalmente dos leitores. Muitas entidades da sociedade civil vêm manifestando solidariedade à imprensa, dizendo que é essencial apoiar os jornalistas para que o público continue a ter informação de qualidade.

Precisamos que as pessoas assinem jornais, revistas e sites de jornalismo profissional. Precisamos que elas façam campanhas para que seus vizinhos, amigos e familiares assinem jornais, revistas e sites de jornalismo profissional, e privilegiem os programas jornalísticos das TVs não partidárias.

Em meio à ascensão de governos exímios em manipular a informação por meio das redes sociais, apoiar a mídia profissional é um dever cívico. Se a imprensa não resistir aos governos populistas, à manipulação das redes sociais e à recessão econômica, vão sobrar apenas os blogs e sites partidários, que não relatam nem analisam fatos, apenas corroboram crenças. Isso não é informação.

EPÍLOGO

No dia 27 de maio de 2020, várias investigações sobre fake news começaram a se entrelaçar. A PF cumpriu 29 mandados de busca e apreensão contra deputados, blogueiros, militantes e empresários bolsonaristas suspeitos de integrar uma rede de disseminação de fake news e difamação em redes sociais. A operação foi determinada pelo ministro do STF Alexandre de Moraes, relator do inquérito das fake news aberto por Dias Toffoli em março de 2019 para apurar notícias falsas e ameaças a ministros da Corte e seus familiares.

Com menção ao gabinete do ódio, a operação reforça as suspeitas sobre os disparos em massa de WhatsApp e as campanhas de desinformação nas eleições. Entre os investigados encontram-se Luciano Hang, dono das lojas Havan, também suspeito de ter atuado nas eleições de 2018; o blogueiro Allan dos Santos, do site bolsonarista Terça Livre; o empresário Edgard Corona, dono da rede de academias Smart Fit; e o investidor Otávio Oscar Fakhoury. Hang e outros empresários terão seus sigilos fiscal e bancário quebrados. Os deputados, entre os quais Bia Kicis e Filipe Barros, não foram alvo de busca e apreensão, só serão ouvidos pela PF no inquérito. Segundo reportagem publicada na *Folha de S.Paulo*, as apurações teriam encontrado indícios de envolvimento do vereador Carlos Bolsonaro no esquema de notícias falsas.[1]

O inquérito do STF convergiu com as quatro ações que correm no Tribunal Superior Eleitoral, a pedido de PT e PDT, para investigar disparos em massa de WhatsApp na eleição de 2018. O corregedor-geral da Justiça Eleitoral, ministro Og Fernandes, está analisando o pedido do PT para que às ações se acrescentem dados do inquérito do STF contra fake news.[2]

O período investigado vai de julho de 2018 a abril de 2020, ou seja, inclui a campanha eleitoral. No cenário mais grave, as ações do TSE poderiam resultar na cassação do presidente e do vice, Hamilton Mourão.

AGRADECIMENTOS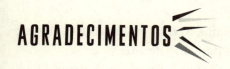

Maria Emilia Bender, por fazer milagre; Ricardo Teperman, Otávio Marques da Costa, Lucia Riff e Érico Melo, por confiarem no projeto e melhorarem o livro.

Sérgio Dávila, pela amizade, pela coragem e pela fé no jornalismo (e pelo título); Roberto Dias, Uirá Machado e Vinicius Mota, pelas orientações preciosas, paciência e confiança.

Otávio Frias Filho, por ter sempre lutado pelo jornalismo independente e plural.

Florência e Anna Ferrari e Felipe Campos Mello, meus irmãos, e Patrícia Rousseaux, por tudo.

Vinicius Torres Freire, pelos conselhos e por ser o melhor pai que o Manuel podia ter, e Sofia Freire, por ser maravilhosa.

Ricardo Galhardo, meu amor, a quem devo tudo.

Paulo Sotero e Eloísa, meus pais em Washington.

Julia Duailibi, Natuza Nery, Vera Magalhães e Renata Lo Prete, mulheres incríveis e generosas.

Nandi Nascimento, Manu Karsten, Patsi Schwarz e Rita Siza, minhas parceiras de vida.

Daniela Lima, Talita Fernandes, Marina Dias, Constança Rezende e Juliana Dal Piva, grandes jornalistas e grandes mulheres.

Míriam Leitão e Dorrit Harazim, inspirações.

Natalie Southwick, Joel Simon e Courtney Radsch, do Committee to Protect Journalists, pelo trabalho essencial em defesa do jornalismo.

Roberto Simon, Guga Chacra, Demétrio Magnoli, Reinaldo Azevedo, Contardo Calligaris e Rosental Alves, pela excelência e generosidade.

Amanda Luizon, sem a qual nada seria possível.

Teté Ribeiro, Antonio Prata, Marta Amaral, Graciliano Rocha, Adriana Abujamra, Ricardo Balthazar, Daigo Oliva, Luciana Coelho, Fábio Zanini, Clarissa Temer, Tati Vasconcellos, Luiz de Salvo, Jonathan Watts, Demetri Sevastopulo, Sasha Issenberg, Veri Pacheco e Chaves, Flávio Sampaio, Alessandra Honegger, Gil Karsten, Christian Meermagen, Shobhan Saxena, Florencia Costa e R. Viswanathan, amigos muito queridos.

Camila Asano, Juana Kweitel, Marcelo Furtado, Oscar Vilhena, Beto Vasconcelos, Pierpaolo Bottini, Sérgio Gomes, Maria Laura Canineu, Instituto Vladimir Herzog e Abraji, pelo apoio e por fazerem um trabalho maravilhoso.

NOTAS

1. A ELEIÇÃO DO WHATSAPP NO BRASIL [pp. 21-74]

1. Christopher Paul e Miriam Matthews, "The Russian 'Firehose of Falsehood' Propaganda Model: Why It Might Work and Options to Counter It". Rand Corporation, 2016. Disponível em: <https://www.rand.org/pubs/perspectives/PE198.html>. Acesso em: 9 jun. 2020.
2. Hannah Arendt, *Origens do totalitarismo: Antissemitismo, imperialismo, totalitarismo*. Trad. de Roberto Raposo. São Paulo: Companhia das Letras, 2013, pp. 331-2.
3. Arjun Bisen, "Disinformation Is Drowning Democracy". *Foreign Policy*, 24 abr. 2019. Disponível em: <https://foreignpolicy.com/2019/04/24/disinformation-is-drowning-democracy/>. Acesso em: 9 jun. 2020.
4. Pablo Ortellado e Márcio Moretto Ribeiro, "Levantamento inédito revela sites e páginas no Facebook que podem influenciar a eleição com fake news". *Época*, 28 ago. 2018. Disponível em: <https://epoca.globo.com/levantamento-inedito-revela-sites-paginas-no-facebook-que-podem--influenciar-eleicao-com-fake-news-23005004>. Acesso em: 9 jun. 2020.
5. Jussara Soares, "Time digital de Bolsonaro distribui conteúdo para 1.500 grupos de WhatsApp". *O Globo*, 7 out. 2018. Disponível em: <https://oglobo.globo.com/brasil/time-digital-de-bolsonaro-distribui-conteudo--para-1500-grupos-de-whatsapp-23134588>. Acesso em: 9 jun. 2020.
6. Christopher Paul e Miriam Matthews, "The Russian 'Firehose of Falsehood' Propaganda Model", op. cit.
7. "2 em cada 3 receberam fake news nas últimas eleições, aponta pesquisa". *Folha de S.Paulo*, 19 maio 2019. Disponível em: <https://www1.folha.uol.com.br/poder/2019/05/2-em-cada-3-receberam-fake-news-nas-ultimas-eleicoes-aponta-pesquisa.shtml>. Acesso em: 9 jun. 2020.
8. "Mais de 80% dos brasileiros acreditam que redes sociais influenciam muito a opinião das pessoas". Senado Federal, 10 dez. 2019. Disponível em: <https://www12.senado.leg.br/institucional/datasenado/publicacaodatasenado?id=mais-de-80-dos-brasileiros-acreditam-que-redes-sociais-influenciam-muito-a-opiniao-das-pessoas>. Acesso em: 9 jun. 2020.
9. Gustavo Foster, "Bolsonaro diz que não teme processos e faz nova ofensa: 'Não merece ser estuprada porque é muito feia'". *Zero Hora*, 10

dez. 2014. Disponível em: <https://gauchazh.clicrbs.com.br/politica/noticia/2014/12/bolsonaro-diz-que-nao-teme-processos-e-faz-nova--ofensa-nao-merece-ser-estuprada-porque-e-muito-feia-cjkf8rj3x00c-c01pi3kz6nu2e.html>. Acesso em: 9 jun. 2020.

10. Luiza Calegari, "Marina Silva confronta Bolsonaro sobre direitos das mulheres em debate". *Exame*, 18 ago. 2018. Disponível em: <https://exame.com/brasil/marina-silva-confronta-bolsonaro-sobre-direitos-das--mulheres-em-debate/>. Acesso em: 9 jun. 2020.

11. Leandro Resende, Nathália Afonso e Chico Marés, "Imagens relacionadas às urnas eletrônicas se destacam no WhatsApp no 2º turno". Agência Lupa/ *piauí*, 26 out. 2018. Disponível em: <https://piaui.folha.uol.com.br/lupa/2018/10/26/imagens-whatsapp-urnas-2turno/>. Acesso em: 9 jun. 2020.

12. "'Mamadeiras eróticas' não foram distribuídas em creches pelo PT". Aos Fatos, 28 set. 2018. Disponível em: <https://aosfatos.org/noticias/mamadeiras-eroticas-nao-foram-distribuidas-em-creches-pelo-pt/>. Acesso em: 9 jun. 2020.

13. Chico Marés, "#Verificamos: Livro de Haddad não defende 'relação sexual entre pais e filhos'". Agência Lupa/ *piauí*, 27 out. 2018. Disponível em: <https://piaui.folha.uol.com.br/lupa/2018/10/27/verificamos-livro--haddad-incesto/>. Acesso em: 9 jun. 2020.

14. "24% dos eleitores usam Whatsapp para compartilhar conteúdo eleitoral". Datafolha, 27 out. 2018. Disponível em: <http://datafolha.folha.uol.com.br/opiniaopublica/2018/10/1983765-24-dos-eleitores--usam-whatsapp-para-compartilhar-conteudo-eleitoral.shtml>. Acesso em: 9 jun. 2020.

15. "Fake News, Filter Bubbles, Post-Truth and Trust". Ipsos MORI, ago. 2018. Disponível em: <https://www.ipsos.com/sites/default/files/ct/news/documents/2018-08/fake_news-report.pdf>. Acesso em: 9 jun. 2020.

16. Patrícia Campos Mello, "Empresários bancam campanha contra o PT pelo WhatsApp". *Folha de S.Paulo*, 18 out. 2018. Disponível em: <https://www1.folha.uol.com.br/poder/2018/10/empresarios-bancam--campanha-contra-o-pt-pelo-whatsapp.shtml> Acesso em: 9 jun. 2020.

17. Silvia Amorim, "Ao PSDB, agência ofereceu 80 milhões de disparos ilegais pelo WhatsApp". *O Globo*, 19 out. 2018. Disponível em: <https://oglobo.globo.com/brasil/ao-psdb-agencia-ofereceu-80-milhoes-de-disparos-ilegais-pelo-whatsapp-23167620>. Acesso em: 9 jun. 2020.

18. "Desejo de mudança e rejeição ao PT alavancam candidatura de

Bolsonaro". Datafolha, 22 out. 2018. Disponível em: <http://datafolha.folha.uol.com.br/eleicoes/2018/10/1983550-desejo-de-mudanca-e-rejeicao-ao-pt-alavancam-candidatura-de-bolsonaro.shtml>. Acesso em: 9 jun. 2020.

19. "Bolsonaro sobre matéria da *Folha*: 'Eu não tenho controle se tem empresário simpático a mim fazendo isso'". O Antagonista, 18 out. 2018. Disponível em: <https://www.oantagonista.com/brasil/bolsonaro-sobre-materia-da-folha-eu-nao-tenho-controle-se-tem-empresario-simpatico-mim-fazendo-isso/>. Acesso em: 9 jun. 2020.

20. Giuliano Da Empoli, *Os engenheiros do caos: Como as fake news, as teorias da conspiração e os algoritmos estão sendo utilizados para disseminar ódio, medo e influenciar eleições*. São Paulo: Vestígio, 2019.

21. Aiuri Rebello, Flávio Costa e Leandro Prazeres, "PT usou sistema de WhatsApp; campanha de Bolsonaro apagou registro de envio". UOL, 26 out. 2018. Disponível em: <https://www1.folha.uol.com.br/poder/2018/10/campanha-de-bolsonaro-apagou-registro-de-envio-de-whatsapp-pt-usou-sistema.shtml>. Acesso em: 9 jun. 2020.

22. Artur Rodrigues, "Agência vendia em site cadastro para envio ilegal de WhatsApp na eleição de 2018". *Folha de S.Paulo*, 11 mar. 2020. Disponível em: <https://www1.folha.uol.com.br/poder/2020/03/agencia-vendia-em-site-cadastro-para-envio-ilegal-de-whatsapp-na-eleicao-de-2018.shtml>. Acesso em: 9 jun. 2020.

23. "Empresas contrataram disparos pró-Bolsonaro no WhatsApp, diz espanhol". *Folha de S.Paulo*, 18 jun. 2019. Disponível em: <https://www1.folha.uol.com.br/poder/2019/06/empresas-contrataram-disparos-pro-bolsonaro-no-whatsapp-diz-espanhol.shtml>. Acesso em: 9 jun. 2020.

24. Patrícia Campos Mello, "WhatsApp admite envio maciço ilegal de mensagens nas eleições de 2018". *Folha de S.Paulo*, 8 out. 2019. Disponível em: <https://www1.folha.uol.com.br/poder/2019/10/whatsapp-admite-envio-massivo-ilegal-de-mensagens-nas-eleicoes-de-2018.shtml>. Acesso em: 9 jun. 2020.

25. Reynaldo Turollo Jr., "Candidatos e partidos terão de checar informações usadas na campanha em 2020". *Folha de S.Paulo*, 18 dez. 2019. Disponível em: <https://www1.folha.uol.com.br/poder/2019/12/candidatos-e-partidos-terao-de-checar-informacoes-usadas-na-campanha-em-2020.shtml>. Acesso em: 9 jun. 2020.

26. Patrícia Campos Mello, "Com um ano de atraso, TSE finalmente proíbe disparo em massa pelo WhastApp". *Folha de S.Paulo*, 20 dez. 2019.

Disponível em: <https://www1.folha.uol.com.br/colunas/patriciacamposmello/2019/12/com-um-ano-de-atraso-tse-finalmente-proibe-disparo-em-massa-pelo-whastapp.shtml>. Acesso em: 9 jun. 2020.

27. Reinaldo Azevedo, "Patrícia 2: Além do ódio à imprensa e às mulheres, por que tamanha fúria?". UOL, 12 dez. 2020. Disponível em: <https://noticias.uol.com.br/colunas/reinaldo-azevedo/2020/02/12/patricia-2-alem-do-odio-a-imprensa-e-as-mulheres-por-que-tamanha-furia.htm>. Acesso em: 9 jun. 2020.

2. ASSASSINATO DE REPUTAÇÕES, UMA NOVA FORMA DE CENSURA [pp. 75-121]

1. "Ex-funcionário de empresa de disparo em massa mente à CPI e insulta repórter da *Folha*". *Folha de S.Paulo*, 11 fev. 2020. Disponível em: <https://www1.folha.uol.com.br/poder/2020/02/ex-funcionario-de-empresa-de-disparo-em-massa-mente-a-cpi-e-insulta-reporter-da-folha.shtml>. Acesso em: 9 jun. 2020.

2. Gustavo Uribe, "Bolsonaro insulta repórter da *Folha* com insinuação sexual". *Folha de S.Paulo*, 18 fev. 2020. Disponível em: <https://www1.folha.uol.com.br/poder/2020/02/bolsonaro-insulta-reporter-da-folha-com-insinuacao-sexual.shtml>. Acesso em: 9 jun. 2020.

3. Disponível em: <https://twitter.com/andrefernm/status/1227346650265456640>. Acesso em: 9 jun. 2020.

4. Disponível em: <https://twitter.com/joaquim1522/status/1230208718136135681?s=20>. Acesso em: 9 jun. 2020.

5. Disponível em: <https://www.facebook.com/pg/jcrba/videos/>. Acesso em: 9 jun. 2020.

6. Disponível em: <https://twitter.com/helderbarbalho/status/1230192933946744832?s=20>. Acesso em: 9 jun. 2020.

7. Talita Fernandes, "'Se foi ilegal, a gente vê lá na frente', diz Bolsonaro sobre chefe da Secom". *Folha de S.Paulo*, 16 jan. 2020. Disponível em: <https://www1.folha.uol.com.br/poder/2020/01/bolsonaro-ataca-folha-e-diz-que-chefe-da-secom-permanece-no-cargo.shtml>. Acesso em: 9 jun. 2020.

8. Talita Fernandes, "Ilação é tentativa rasteira de tumultuar República, diz Bolsonaro após divulgar vídeo de apoio a ato". *Folha de S.Paulo*, 26 fev. 2020. Disponível em: <https://www1.folha.uol.com.br/poder/2020/02/

ilacao-e-tentativa-rasteira-de-tumultuar-republica-diz-bolsonaro-apos-divulgar-video-de-apoio-ato.shtml>. Acesso em: 9 jun. 2020.

9. Vera Magalhães, "Qual é a sua laia?". *O Estado de S. Paulo*, 1 mar. 2020. Disponível em: <https://politica.estadao.com.br/noticias/geral,qual-e-a-sua-laia,70003215491>. Acesso em: 9 jun. 2020.

10. Disponível em: <https://twitter.com/veramagalhaes/status/1233179229690441729>. Acesso em: 9 jun. 2020.

11. Rubens Valente e Marina Dias, "Ex-mulher afirmou ter sofrido ameaça de morte de Bolsonaro, diz Itamaraty". *Folha de S.Paulo*, 25 set. 2018. Disponível em: <https://www1.folha.uol.com.br/poder/2018/09/ex-mulher-afirmou-ter-sofrido-ameaca-de-morte-de-bolsonaro-diz-itamaraty.shtml>. Acesso em: 9 jun. 2020.

12. Chico Marés e Leandro Resende, "#Verificamos: Ataque virtual a repórter da *Folha* expõe foto de jornalista homônima". Agência Lupa/ *piauí*, 26 set. 2018. Disponível em: <https://piaui.folha.uol.com.br/lupa/2018/09/26/verificamos-marina-dias-bolsonaro/>. Acesso em: 9 jun. 2020.

13. Ibid.

14. Marina Dias, "*Folha* não tem que contratar 'qualquer uma', diz Bolsonaro a repórter do jornal". *Folha de S.Paulo*, 16 maio 2019. Disponível em: <https://www1.folha.uol.com.br/cotidiano/2019/05/folha-nao-tem-que-contratar-qualquer-uma-diz-bolsonaro-a-reporter-do-jornal.shtml>. Acesso em: 9 jun. 2020.

15. Disponível em: <https://twitter.com/jairbolsonaro/status/1104892573578072064>. Acesso em: 9 jun. 2020.

16. Fernanda Salles, "Jornalista do *Estadão*: a intenção é arruinar Flávio Bolsonaro e o governo". Terça Livre, 10 mar. 2019. Disponível em: <https://www.tercalivre.com.br/jornalista-do-estadao-a-intencao-e-arruinar-flavio-bolsonaro-e-o-governo/>. Acesso em: 9 jun. 2020.

17. Abraji e OAB, "Abraji e OAB repudiam ataque público de Bolsonaro à imprensa". Abraji, 11 mar. 2019. Disponível em: <https://abraji.org.br/abraji-e-oab-repudiam-ataque-publico-de-bolsonaro-a-imprensa>. Acesso em: 9 jun. 2020.

18. Juliana Dal Piva, "Entrevistados em filme pró-ditadura reconhecem que houve golpe em 64". *O Globo*, 3 abr. 2019. Disponível em: <https://oglobo.globo.com/brasil/entrevistados-em-filme-pro-ditadura-reconhecem-que-houve-golpe-em-64-23569366>. Acesso em: 9 jun. 2020.

19. "Jornalistas são ameaçados após veiculação de reportagens". Abraji, 8

abr. 2019. Disponível em: <https://abraji.org.br/noticias/jornalistas-sao-
-ameacados-apos-veiculacao-de-reportagens>. Acesso em: 9 jun. 2020.
20. "Bolsonaro usa informações falsas para atacar a jornalista Míriam
 Leitão". *O Globo*, 19 jul. 2019. Disponível em: <https://oglobo.globo.
 com/brasil/bolsonaro-usa-informacoes-falsas-para-atacar-jornalista-mi-
 riam-leitao-23819501>. Acesso em: 9 jun. 2020.
21. Chico Otavio, "Míriam Leitão fala sobre tortura que sofreu nua e
 grávida de 1 mês durante ditadura". *O Globo*, 19 ago. 2014. Disponível
 em: <https://oglobo.globo.com/brasil/miriam-leitao-fala-sobre-tortura-
 -que-sofreu-nua-gravida-de-1-mes-durante-ditadura-13663114>. Acesso
 em: 9 jun. 2020.
22. "10 Most Urgent, March 2020". One Free Press Coalition, 2 mar.
 2020. Disponível em: <https://www.onefreepresscoalition.com/list/
 march-2020>. Acesso em: 9 jun. 2020.
23. Gustavo Uribe, "Bolsonaro insulta repórter da *Folha* com insinuação
 sexual", op. cit.
24. "Abraji repudia ataques de Eduardo Bolsonaro a jornalista da *Folha
 de S.Paulo*". Abraji, 11 fev. 2020. Disponível em: <https://abraji.org.br/
 noticias/abraji-repudia-ataques-de-eduardo-bolsonaro-a-jornalista-da-
 -folha-de-s-paulo>. Acesso em: 9 jun. 2020.
25. Disponível em: <https://twitter.com/rodrigomaia/status/12276720
 41572249601>. Acesso em: 9 jun. 2020.
26. Disponível em: <https://twitter.com/lucianohuck/status/1229897921
 681928192>. Acesso em: 9 jun. 2020.
27. Jussara Soares, "Datena dispensa apoio de Bolsonaro e flerta com
 Covas". *O Estado de S. Paulo*, 21 fev. 2020. Disponível em: <https://
 politica.estadao.com.br/noticias/eleicoes,datena-dispensa-apoio-de-bol-
 sonaro-e-flerta-com-covas,70003205261>. Acesso em: 9 jun. 2020.
28. Disponível em: <https://twitter.com/diogomainardi/status/12274873258
 24802816>. Acesso em: 9 jun. 2020.
29. "Eduardo Bolsonaro defende insulto do pai e manda deputadas 'raspa-
 rem o sovaco'". *Folha de S.Paulo*, 18 fev. 2020. Disponível em: <https://
 www1.folha.uol.com.br/poder/2020/02/deputadas-fazem-ato-em-defe-
 sa-de-jornalista-da-folha-insultada-por-bolsonaro.shtml>. Acesso em: 9
 jun. 2020.
30. Contardo Calligaris, "A história confirma: governante tosco sempre
 é seduzido pelo autoritarismo". *Folha de S.Paulo*, 27 fev. 2020.
 Disponível em: <https://www1.folha.uol.com.br/colunas/contardocal-

ligaris/2020/02/a-historia-confirma-governante-tosco-sempre-e-seduzido-pelo-autoritarismo.shtml>. Acesso em: 9 jun. 2020.
31. Ricardo Balthazar, "Ataques ao jornalismo submetem democracia a estresse, diz Sérgio Dávila". *Folha de S.Paulo*, 19 fev. 2020. Disponível em: <https://www1.folha.uol.com.br/folha-100-anos/2020/02/ataques-ao-jornalismo-submetem-democracia-a-estresse-diz-sergio-davila.shtml>. Acesso em: 9 jun. 2020.
32. Michelle Ferrier, "Attacks and Harassment: The Impact on Female Journalists and Their Reporting". International Women's Media Foundation e TrollBusters, set. 2019. Disponível em: <https://www.iwmf.org/wp-content/uploads/2018/09/Attacks-and-Harassment.pdf>. Acesso em: 9 jun. 2020.
33. Ibid., p. 11.
34. Ibid.
35. Dexter Filkins, "Blood and Soil in Narendra Modi's India". *The New Yorker*, 2 dez. 2019. Disponível em: <https://www.newyorker.com/magazine/2019/12/09/blood-and-soil-in-narendra-modis-india>. Acesso em: 9 jun. 2020.
36. Arjun Sidharth, "Fake News Alert: Rana Ayyub Did Not Defend Child Rapists". The Wire, 24 abr. 2018. Disponível em: <https://thewire.in/media/rana-ayyub-fake-news>. Acesso em: 9 jun. 2020.
37. Ricardo Della Coletta, "Bolsonaro ataca repórter após perguntas sobre Flávio e Queiroz: 'Você tem uma cara de homossexual terrível'". *Folha de S.Paulo*, 20 dez. 2019. Disponível em: <https://www1.folha.uol.com.br/poder/2019/12/bolsonaro-ataca-reporter-apos-pergunta-sobre-queiroz-voce-tem-uma-cara-de-homossexual-terrivel.shtml>. Acesso em: 9 jun. 2020.
38. Daniel Carvalho, "Bolsonaro se queixa da imprensa e faz gesto de banana para jornalistas". *Folha de S.Paulo*, 8 fev. 2020. Disponível em: <https://www1.folha.uol.com.br/poder/2020/02/bolsonaro-se-queixa-da-imprensa-e-faz-gesto-de-banana-para-jornalistas.shtml>. Acesso em: 9 jun. 2020.
39. Gustavo Uribe, "Bolsonaro insulta repórter da *Folha* com insinuação sexual", op. cit.
40. Bruna de Pieri, "Testemunha diz na CPMI das Fake News que jornalista da *Folha* ofereceu sexo em troca de informações". Terça Livre, 11 fev. 2020. Disponível em: <https://www.tercalivre.com.br/testemunha-diz-

-na-cpmi-das-fake-news-que-jornalista-da-folha-ofereceu-sexo-em-troca-
-de-informacoes/>. Acesso em: 9 jun. 2020.
41. Chico Marés, "#Verificamos: É falso que presença de palavra hifeni-
zada em mensagem comprova falsificação da *Folha*". Agência Lupa/
piauí, 12 fev. 2020. Disponível em: <https://piaui.folha.uol.com.br/
lupa/2020/02/12/verificamos-hifenizada-folha/>. Acesso em: 9 jun. 2020.
42. Disponível em: <https://twitter.com/jairbolsonaro/status/12358986
55946743810>. Acesso em: 9 jun. 2020.
43. Patrícia Campos Mello, "Brasil marcou um golaço ao financiar Mariel".
Folha de S.Paulo, 17 dez. 2014. Disponível em: <https://m.folha.uol.
com.br/colunas/patriciacamposmello/2014/12/1563653-brasil-marcou-
-um-golaco-ao-financiar-mariel.shtml>. Acesso em: 9 jun. 2020.
44. Disponível em: <https://twitter.com/jairbolsonaro/status/12371
20872676237312>. Acesso em: 9 jun. 2020.
45. Marina Dias, "Sem apresentar provas, Bolsonaro diz que houve fraude
eleitoral e que foi eleito no 1º turno". *Folha de S.Paulo*, 9 mar. 2020.
Disponível em: <https://www1.folha.uol.com.br/poder/2020/03/
sem-apresentar-provas-bolsonaro-diz-que-houve-fraude-eleitoral-e-que-
-foi-eleito-no-1o-turno.shtml>. Acesso em: 9 jun. 2020.
46. Júlia Moura e Bruna Narcizo, "Dólar fecha a R$ 4,65; Guedes diz que
pode ir a R$ 5 se tiver 'muita besteira'". *Folha de S.Paulo*, 5 mar. 2020.
Disponível em: <https://www1.folha.uol.com.br/mercado/2020/03/
dolar-fecha-a-r-465-guedes-diz-que-pode-ir-a-r-5.shtml>. Acesso em: 9
jun. 2020.
47. Úrsula Passos, Fábio Fabrini e Carolina Linhares, "Com apoio de Bolsonaro, manifestantes ignoram coronavírus e fazem atos pró-governo".
Folha de S.Paulo, 15 mar. 2020. Disponível em: <https://www1.folha.
uol.com.br/poder/2020/03/com-apoio-de-bolsonaro-manifestantes-
-ignoram-coronavirus-e-fazem-atos-pro-governo.shtml>. Acesso em: 9
jun. 2020.
48. Gustavo Uribe, "Veja quem são os 23 com coronavírus da comitiva de
Bolsonaro que visitou os EUA". *Folha de S.Paulo*, 23 mar. 2020. Disponível em: <https://www1.folha.uol.com.br/poder/2020/03/veja-quem-sao-
-os-23-infectados-da-comitiva-de-bolsonaro-em-visita-aos-eua.shtml>.
Acesso em: 9 jun. 2020.
49. "Embaixada da China reage a acusações de Eduardo Bolsonaro sobre
coronavírus". *Folha de S.Paulo*, 18 mar. 2020. Disponível em: <https://
www1.folha.uol.com.br/mundo/2020/03/embaixador-da-china-no-bra-

sil-reage-a-eduardo-e-diz-que-deputado-nao-tem-visao-internacional. shtml>. Acesso em: 9 jun. 2020.
50. Disponível em: <https://twitter.com/jairbolsonaro/status/12403236 12403535883>. Acesso em: 9 jun. 2020.
51. Disponível em: <https://twitter.com/jairbolsonaro/status/12297094496 71200770>. Acesso em: 9 jun. 2020.
52. Natália Silva, "Olavo de Carvalho incita seguidores contra jornalista". Abraji, 17 abr. 2019. Disponível em: <https://abraji.org.br/olavo-de-carvalho-incita-seguidores-contra-jornalista>. Acesso em: 9 jun. 2020.
53. Patrícia Campos Mello, "Verba publicitária de Bolsonaro irrigou sites de jogos de azar e de fake news na reforma da Previdência". *Folha de S.Paulo*, 9 maio 2020. Disponível em: <https://www1.folha.uol.com.br/poder/2020/05/verba-publicitaria-de-bolsonaro-irrigou-sites-de-jogos--de-azar-e-de-fake-news-na-reforma-da-previdencia.shtml>. Acesso em: 9 jun. 2020.
54. Ibid.
55. O tuíte original foi apagado. Disponível em: <https://webcache.googleusercontent.com/search?q=cache:a7K8OFnflZoJ:https://twitter.com/oofaka/status/1241841200384094208+&cd=1&hl=pt-BR&ct=clnk&gl=br>. Acesso em: 9 jun. 2020.
56. Ibid.
57. Disponível em: <https://twitter.com/apyus/status/110361342747658 2405>. Acesso em: 9 jun. 2020.
58. Ibid.
59. Disponível em: <https://twitter.com/rachelsherazade/status/123287799 1891472390>. Acesso em: 9 jun. 2020.
60. Disponível em: <https://twitter.com/RachelSherazade/status/12328779 88607336449>. Acesso em: 9 jun. 2020.
61. Disponível em: <https://twitter.com/luciano_hang/status/114227677 4732148737>. Acesso em: 9 jun. 2020.
62. Disponível em: <https://twitter.com/benebarbosa_mvb/status/1100783269254184961>. Acesso em: 9 jun. 2020.
63. Disponível em: <https://twitter.com/benebarbosa_mvb/status/1100 770972918054912>. Acesso em: 9 jun. 2020.
64. "Pronunciamento do Senhor Presidente da República, Jair Bolsonaro – Palácio do Planalto". Presidência da República, 24 abr. 2019. Disponível em: <https://www.gov.br/planalto/pt-br/acompanhe-o-planalto/

discursos/2020/pronunciamento-do-senhor-presidente-da-republica-
-jair-bolsonaro-palacio-do-planalto>. Acesso em: 9 jun. 2020.
65. Lauriberto Pompeu, "Santos Cruz critica 'gangue digital' bolsonarista e diz que vai à CPI das Fake News". Congresso em Foco, 21 out. 2019. Disponível em: <https://congressoemfoco.uol.com.br/governo/santos-
-cruz-critica-gangue-digital-bolsonarista-e-vai-a-cpi-das-fake-news/>. Acesso em: 9 jun. 2020.
66. Patrícia Campos Mello, "Depoimento: No Brasil, ser mulher nos transforma em alvo de ataques". *Folha de S.Paulo*, 8 mar. 2020. Disponível em: <https://www1.folha.uol.com.br/poder/2020/03/depoimento-no-
-brasil-ser-mulher-nos-transforma-em-alvo-de-ataques.shtml>. Acesso em: 9 jun. 2020.
67. Paula Reverbel, "Frota apresenta terceiro pedido de impeachment de Bolsonaro". *O Estado de S. Paulo*, 19 mar. 2020. Disponível em: <https://politica.estadao.com.br/noticias/geral,frota-apresenta-terceiro-
-pedido-de-impeachment-de-bolsonaro,70003240332>. Acesso em: 9 jun. 2020.

3. FATOS ALTERNATIVOS E A ASCENSÃO DE POPULISTAS NO MUNDO [pp. 123-65]

1. Patrícia Campos Mello, "De gala, o baile oficial de Donald Trump não tinha nada". *Folha de S.Paulo*, 21 jan. 2017. Disponível em: <https://www1.folha.uol.com.br/mundo/2017/01/1851933-de-gala-o-baile-oficial-de-donald-trump-nao-tinha-nada.shtml>. Acesso em: 9 jun. 2020.
2. Ibid.
3. "Transcript: 'This Is Your Victory,' Says Obama". CNN Politics, 4 nov. 2008. Disponível em: <https://edition.cnn.com/2008/POLITICS/11/04/obama.transcript/>. Acesso em: 9 jun. 2020.
4. Donald J. Trump, "The Inaugural Address". The White House, 20 jan. 2017. Disponível em: <https://www.whitehouse.gov/briefings-statements/the-inaugural-address/>. Acesso em: 9 jun. 2020.
5. Ibid.
6. Abgail Tracy, "George W. Bush Finally Says what He Thinks about Trump". *Vanity Fair*, 19 out. 2017. Disponível em: <https://www.vanityfair.com/news/2017/10/george-w-bush-donald-trump>. Acesso em: 9 jun. 2020.

7. Daniel Patrick Moynihan, *A Portrait in Letters of an American Visionary*. Nova York: Public Affairs, 2010, p. 2.
8. Julie Hirschfeld Davis e Matthew Rosenberg, "With False Claims, Trump Attacks Media on Turnout and Intelligence Rift". *The New York Times*, 21 jan. 2017. Disponível em: <https://www.nytimes.com/2017/01/21/us/politics/trump-white-house-briefing-inauguration-crowd-size.html>. Acesso em: 9 jun. 2020.
9. Ibid.
10. Ibid.
11. "Conway: Press Secretary Gave 'Alternative Facts'". NBC News, 22 jan. 2017. Disponível em: <http://www.nbcnews.com/meet-the-press/video/conway-press-secretary-gave-alternative-facts-860142147643>. Acesso em: 9 jun. 2020.
12. Ibid.
13. Patrícia Campos Mello, "Capitalismo esclarecido e populismo de Bolsonaro aproximarão o Brasil dos EUA, diz Steve Bannon". *Folha de S.Paulo*, 29 out. 2018. Disponível em: <https://www1.folha.uol.com.br/poder/2018/10/capitalismo-esclarecido-e-populismo-de-bolsonaro-aproximarao-o-brasil-dos-eua-diz-steve-bannon.shtml>. Acesso em: 9 jun. 2020.
14. "Steve Bannon, ex-assessor de Trump ligado à extrema direita, declara apoio a Bolsonaro". *O Globo*, 26 out. 2018. Disponível em: <https://oglobo.globo.com/brasil/steve-bannon-ex-assessor-de-trump-ligado-extrema-direita-declara-apoio-bolsonaro-23187643>. Acesso em: 9 jun. 2020.
15. Ibid.
16. Curt Mills, "Bannon invades Latin America". *Spectator USA*, 3 fev. 2019. Disponível em: <https://spectator.us/bannon-invades-latin-america/>. Acesso em: 9 jun. 2020.
17. Thais Bilenky, "Bannon anuncia Eduardo Bolsonaro como líder sul-americano de movimento de direita populista". *Folha de S.Paulo*, 1 fev. 2019. Disponível em: <https://www1.folha.uol.com.br/mundo/2019/02/bannon-anuncia-eduardo-bolsonaro-como-lider-sul-americano-de-movimento-de-ultradireita.shtml>. Acesso em: 9 jun. 2020.
18. "About Us". Committee on the Present Danger: China, 2019. Disponível em: <https://presentdangerchina.org/about-us/>. Acesso em: 9 jun. 2020.
19. Ibid.
20. Marina Dias, "Em Santa Ceia da direita, Bolsonaro diz que comunismo não pode imperar". *Folha de S.Paulo*, 17 mar. 2019. Disponível em:

<https://www1.folha.uol.com.br/mundo/2019/03/em-santa-ceia-da-direita-bolsonaro-diz-que-comunismo-nao-pode-imperar.shtml>. Acesso em: 9 jun. 2020.
21. Marina Dias, "Se governo continuar como está acaba em seis meses, diz Olavo de Carvalho". *Folha de S.Paulo*, 17 mar. 2019. Disponível em: <https://www1.folha.uol.com.br/mundo/2019/03/homenageado-por-bannon-olavo-de-carvalho-diz-desconhecer-ideias-politicas-de-bolsonaro.shtml>. Acesso em: 9 jun. 2020.
22. Ibid.
23. João Vitor Santos, "Na dobra entre o orgânico e o digital, o complexo encontro da transparência com a democracia. Entrevista especial com Francisco Brito Cruz". IHU Unisinos, 13 nov. 2019. Disponível em: <http://www.ihu.unisinos.br/eventos/159-noticias/entrevistas/594302-na-dobra-entre-o-organico-e-o-digital-o-complexo-encontro-da-transparencia-com-a-democracia-entrevista-especial-com-francisco-brito-cruz>. Acesso em: 9 jun. 2020.
24. Patrícia Campos Mello, "Capitalismo esclarecido e populismo de Bolsonaro aproximarão o Brasil dos EUA, diz Steve Bannon", op. cit.
25. Brittany Kaiser, *Manipulados: Como a Cambridge Analytica e o Facebook invadiram a privacidade de milhões e botaram a democracia em xeque*. Rio de Janeiro: HaperCollins, 2020.
26. Nancy Scola, "How Facebook, Google and Twitter 'embeds' helped Trump in 2016". Politico, 26 out. 2017. Disponível em: <https://www.politico.com/story/2017/10/26/facebook-google-twitter-trump-244191>. Acesso em: 9 jun. 2020.
27. Brittany Kaiser, *Manipulados*, op. cit.
28. Carole Cadwalladr, "Revealed: Graphic Video Used by Cambridge Analytica to Influence Nigerian Election". *The Guardian*, 4 abr. 2018. Disponível em: <https://www.theguardian.com/uk-news/2018/apr/04/cambridge-analytica-used-violent-video-to-try-to-influence-nigerian-election>. Acesso em: 9 jun. 2020.
29. Brittany Kaiser, *Manipulados*, op. cit.
30. Ibid.
31. Yochai Benkler, Robert Faris e Hal Roberts, *Network Propaganda: Manipulation, Disinformation, and Radicalization in American Politics*. Oxford: Oxford University Press, 2018.
32. Brittany Kaiser, *Manipulados*, op. cit.
33. "Update on Twitter's Review of the 2016 US Election". Twitter Public

Policy, 19 jan. 2018. Disponível em: <https://blog.twitter.com/en_us/topics/company/2018/2016-election-update.html>. Acesso em: 9 jun. 2020.

34. "Hard Questions: What Effect Does Social Media Have on Democracy?". Facebook, 22 jan. 2018.
35. Patrícia Campos Mello, "Muito pouco do que acontece na internet hoje é espontâneo, diz estrategista". *Folha de S.Paulo*, 19 nov. 2018. Disponível em: <https://www1.folha.uol.com.br/mundo/2018/11/muito-pouco-do-que-acontece-na-internet-hoje-e-espontaneo-diz-estrategista.shtml>. Acesso em: 9 jun. 2020.
36. Andrew Marantz, "The Man Behind Trump's Facebook Juggernaut". *The New Yorker*, 2 mar. 2020. Disponível em: <https://www.newyorker.com/magazine/2020/03/09/the-man-behind-trumps-facebook-juggernaut>. Acesso em: 9 jun. 2020.
37. "Hard Questions: What Effect Does Social Media Have on Democracy?", op. cit.
38. Andrew Marantz, "The Man Behind Trump's Facebook Juggernaut", op. cit.
39. Patrícia Campos Mello et al. *Fronteiras: Territórios da literatura e da geopolítica*. Porto Alegre: Dublinense, 2019.
40. Patrícia Campos Mello, "O novo mundo dos estrangeiros pré-fabricados". In: Patrícia Campos Mello et al. *Fronteiras*, op. cit, pp. 15-30.
41. Ibid.
42. Patrícia Campos Mello, "Capitalismo esclarecido e populismo de Bolsonaro aproximarão o Brasil dos EUA, diz Steve Bannon", op. cit.
43. Patrícia Campos Mello, "Com big data, político de centro corre risco de sumir, afirma especialista". *Folha de S.Paulo*, 8 dez. 2019. Disponível em: <https://www1.folha.uol.com.br/mundo/2019/12/com-big-data-politico-de-centro-corre-risco-de-sumir-afirma-especialista.shtml>. Acesso em: 9 jun. 2020.
44. Ibid.
45. Ibid.
46. Ibid.
47. Fernanda Mena, "Monitor de robôs online aponta explosão de atividade no Brasil após revelação sobre Carlos Bolsonaro". *Folha de S.Paulo*, 28 abr. 2020. Disponível em: <https://www1.folha.uol.com.br/amp/poder/2020/04/monitor-de-robos-online-aponta-explosao-de-atividade-no-brasil-apos-revelacao-sobre-carlos-bolsonaro.shtml>.

O tuíte original de Christopher Bouzy está disponível em: <https://twitter.com/cbouzy/status/1254787929827708929>. Acessos em: 9 jun. 2020.

48. Daniel Pereira, "O ataque da 'seita' bolsonarista a Rodrigo Maia". *Veja*, 18 abr. 2020. Disponível em: <https://veja.abril.com.br/politica/o-ataque-da-seita-bolsonarista/>. Acesso em: 9 jun. 2020.

49. Ibid.

50. Manoel Fernandes, "O maior ataque da história contra Rodrigo Maia". Blog do Jamildo, 17 abr. 2020. Disponível em: <https://m.blogs.ne10.uol.com.br/jamildo/2020/04/17/o-maior-ataque-da-historia-contra-rodrigo-maia/>. Acesso em: 9 jun. 2020.

51. Mateus Camillo, "Mais uma hashtag pró-Bolsonaro com erro de digitação viraliza". #Hashtag, 27 abr. 2020. Disponível em: <https://hashtag.blogfolha.uol.com.br/2020/04/27/mais-uma-hashtag-pro-bolsonaro-com-erro-de-digitacao-viraliza/>. Acesso em: 9 jun. 2020.

52. "Amit Shah Turns Social Media 'Guru'". *The Times of India*, 22 jul. 2018. Disponível em: <http://timesofindia.indiatimes.com/articleshow/65086423.cms>. Acesso em: 9 jun. 2020.

53. "Como um exército de guerreiros digitais ajudou Modi a vencer a eleição na Índia". *Folha de S.Paulo*, 26 maio 2019. Disponível em: <https://www1.folha.uol.com.br/mundo/2019/05/como-um-exercito-de-guerreiros-digitais-ajudou-modi-a-vencer-a-eleicao-na-india.shtml>. Acesso em: 9 jun. 2020.

54. Ibid.

55. Ibid.

56. Ibid.

57. Ibid.

58. Ibid.

59. Patrícia Campos Mello, "A vitória da pós-verdade". *Folha de S.Paulo*, 17 nov. 2016. Disponível em: <https://m.folha.uol.com.br/colunas/patriciacamposmello/2016/11/1833024-a-vitoria-da-pos-verdade.shtml>. Acesso em: 9 jun. 2020.

60. Dartunorro Clark, "Trump Suggests 'Injection' of Disinfectant to Beat Coronavirus and 'Clean' The Lungs". NBC News, 23 abr. 2020. Disponível em: <https://www.nbcnews.com/politics/donald-trump/trump-suggests-injection-disinfectant-beat-coronavirus-clean-lungs-n1191216>. Acesso em: 9 jun. 2020.

61. Disponível em: <https://twitter.com/nytimes/status/1253719616603541504>. Acesso em: 9 jun. 2020.

4. BOLSONARO E O MANUAL DE VIKTOR ORBÁN PARA ACABAR COM A MÍDIA CRÍTICA [pp. 167-228]

1. Gustavo Uribe, "Em novo ataque à imprensa, Bolsonaro diz que jornalistas são 'raça em extinção'". *Folha de S.Paulo*, 6 jan. 2020. Disponível em: <https://www1.folha.uol.com.br/poder/2020/01/em-novo-ataque-a-imprensa-bolsonaro-diz-que-jornalistas-sao-raca-em-extincao.shtml>. Acesso em: 9 jun. 2020.
2. Jussara Soares, "'É o linguajar que tenho, não vejo como ofensivo', diz Bolsonaro". *Época*, 21 dez. 2019. Disponível em: <https://epoca.globo.com/e-linguajar-que-tenho-nao-vejo-como-ofensivo-diz-bolsonaro-1-24154308>. Acesso em: 9 jun. 2020.
3. Patrícia Campos Mello, "Bolsonaro segue à risca o manual húngaro de combate à mídia crítica". *Folha de S.Paulo*, 9 ago. 2019. Disponível em: <https://www1.folha.uol.com.br/colunas/patriciacamposmello/2019/08/bolsonaro-segue-a-risca-o-manual-hungaro-de-combate-a-midia-critica.shtml>. Acesso em: 9 jun. 2020.
4. Demétrio Magnoli, "Repórter cometeu o pecado capital de expor fábrica da 'guerra da informação'". *Folha de S.Paulo*, 14 fev. 2020. Disponível em: <https://www1.folha.uol.com.br/colunas/demetriomagnoli/2020/02/reporter-cometeu-o-pecado-capital-de-expor-fabrica-da-guerra-da-informacao.shtml>. Acesso em: 9 jun. 2020.
5. Fábio Fabrini, "Globo perde participação em verba oficial de publicidade sob Bolsonaro". *Folha de S.Paulo*, 12 nov. 2019. Disponível em: <https://www1.folha.uol.com.br/poder/2019/11/globo-perde-participacao-em-verba-oficial-de-publicidade-sob-bolsonaro.shtml>. Acesso em: 9 jun. 2020.
6. Ibid.
7. José Marques e Nelson de Sá, "Bolsonaro assina MP que acaba com publicação de balanço de empresa em jornais". *Folha de S.Paulo*, 6 ago. 2019. Disponível em: <https://www1.folha.uol.com.br/mercado/2019/08/bolsonaro-assina-mp-que-acaba-com-publicacao-de-balanco-de-empresa-em-jornais.shtml>. Acesso em: 9 jun. 2020.
8. Gustavo Uribe, "Bolsonaro avalia estender a editais públicos nova regra

de balanço de empresas". *Folha de S.Paulo*, 7 ago. 2019. Disponível em: <https://www1.folha.uol.com.br/mercado/2019/08/bolsonaro-avalia-estender-a-editais-publicos-nova-regra-de-balanco-de-empresas.shtml>. Acesso em: 9 jun. 2020.

9. Marcelo Ribeiro, Raphael Di Cunto e Vandson Lima, "Retirar receita dos jornais não parece a melhor decisão, afirma Maia". *Valor Econômico*, 6 ago. 2019. Disponível em: <https://valor.globo.com/politica/noticia/2019/08/06/retirar-receita-dos-jornais-nao-parece-a-melhor-decisao-afirma-maia.ghtml>. Acesso em: 9 jun. 2020.

10. "ANER e ANJ condenam declarações do secretário de Comunicação da Presidência". *O Estado de S. Paulo*, 6 out. 2019. Disponível em: <https://politica.estadao.com.br/noticias/geral,aner-e-anj-condenam-declaracoes-do-secretario-de-comunicacao-da-presidencia,70003039900>. Acesso em: 9 jun. 2020.

11. Gustavo Uribe, "Bolsonaro amplia ameaça à *Folha* e diz que boicota produtos de anunciantes do jornal". *Folha de S.Paulo*, 29 nov. 2019. Disponível em: <https://www1.folha.uol.com.br/poder/2019/11/bolsonaro-amplia-ameaca-a-folha-e-diz-que-boicota-produtos-de-anunciantes-do-jornal.shtml>. Acesso em: 9 jun. 2020.

12. "'Não vamos mais falar com a imprensa, pode esquecer', afirma Bolsonaro". *Folha de S.Paulo*, 5 mar. 2020. Disponível em: <https://www1.folha.uol.com.br/poder/2020/03/nao-vamos-mais-falar-com-a-imprensa-pode-esquecer-afirma-bolsonaro.shtml>. Acesso em: 9 jun. 2020.

13. Ibid.

14. Disponível em: <https://twitter.com/realdonaldtrump/status/1168499355248205826>. Acesso em: 9 jun. 2020.

15. Disponível em: <https://twitter.com/realdonaldtrump/status/1102753238451929088>. Acesso em: 9 jun. 2020.

16. Michael M. Grynbaum, "After Another Year of Trump Attacks, 'Ominous Signs' for the American Press". *The New York Times*, 30 dez. 2019. Disponível em: <https://www.nytimes.com/2019/12/30/business/media/trump-media-2019.html>. Acesso em: 9 jun. 2020.

17. Alex Clark, "Breitbart's Boyle: Our Goal Is the 'Elimination of the Entire Mainstream Media'". Breitbart News, 19 jul. 2017. Disponível em: <https://www.breitbart.com/the-media/2017/07/19/breitbarts-boyle-goal-elimination-entire-mainstream-media/>. Acesso em: 9 jun. 2020.

18. Ibid.

19. José Marques, "*Folha* é a maior fake news do Brasil, diz Bolsonaro a manifestantes". *Folha de S.Paulo*, 21 out. 2018. Disponível em: <https://www1.folha.uol.com.br/poder/2018/10/folha-e-a-maior-fake-news-do--brasil-diz-bolsonaro-a-manifestantes.shtml>. Acesso em: 9 jun. 2020.
20. "Esse jornal se acabou, diz Bolsonaro ao *Jornal Nacional* sobre a *Folha*". *Folha de S.Paulo*, 29 out. 2018. Disponível em: <https://www1.folha.uol.com.br/poder/2018/10/esse-jornal-se-acabou-diz-bolsonaro-ao-jornal-nacional-sobre-a-folha.shtml>. Acesso em: 9 jun. 2020.
21. Virginia Hale, "Revealed: 1,000-Man Mob Attack Police, Set Germany's Oldest Church Alight on New Year's Eve". Breitbart News, 3 jan. 2017. Disponível em: <https://www.breitbart.com/europe/2017/01/03/dortmund-mob-attack-police-church-alight/>. Acesso em: 9 jun. 2020.
22. Ben Burrows, "Breitbart Apologises after Using Picture of Lukas Podolski on Jet-Ski in Story About Migrant Gangs". *The Independent*, 20 ago. 2017. Disponível em: <https://www.independent.co.uk/sport/football/international/breitbart-lukas-podolski-picture-migrant-jet-ski-donald--trump-steve-bannon-a7903531.html>. Acesso em: 9 jun. 2020.
23. Allan dos Santos, "urgente: Glenn Greenwald é internado às pressas no Rio de Janeiro". Terça Livre, 26 jul. 2019. Disponível em: <https://www.tercalivre.com.br/urgente-glenn-greenwald-internado-as-pressas--no-rj/>. Acesso em: 9 jun. 2020.
24. Alex Clark, "Breitbart's Boyle", op. cit.
25. "Poll: One-third of Americans say news media is the 'enemy of the people'". The Hill, 7 fev. 2019. Disponível em: <https://thehill.com/hilltv/what-americas-thinking/451311-poll-a-third-of-americans-say-news-media-is-the-enemy-of-the-people>. Acesso em: 9 jun. 2020.
26. "Digital melhora, mas circulação de jornais ainda é menor do que em 2014". Poder360, 31 jan. 2020. Disponível em: <https://www.poder360.com.br/midia/digital-melhora-mas-circulacao-de-jornais-ainda-e-menor-do-que-em-2014/>. Acesso em: 9 jun. 2020.
27. McKay Coppins, "The Billion-Dollar Disinformation Campaign to Reelect the President". *The Atlantic*, 10 fev. 2020. Disponível em: <https://www.theatlantic.com/magazine/archive/2020/03/the-2020-disinformation-war/605530/>. Acesso em: 9 jun. 2020.
28. Roger Yu, "cnn Shrugs Off Veritas Video as Trump Lashes Out at Network". usa Today, 27 jun. 2017. Disponível em: <https://www.usatoday.com/story/money/2017/06/27/cnn-shrugs-off-veritas-video-trump-lashes-out-network/432423001/>. Acesso em: 9 jun. 2020.

29. Joe Concha, "CNN Producer on New O'Keefe Video: Voters Are 'Stupid,' Trump Is 'Crazy'". The Hill, 30 jun. 2017. Disponível em: <https://thehill.com/homenews/media/340210-cnn-producer-on-new-okeefe-video-voters-are-stupid-crazy>. Acesso em: 9 jun. 2020.
30. Martin Crutsinger e Darlene Superville, "Trump: Postal Service Must Charge Amazon More, or No Loan". ABC News, 24 abr. 2020. Disponível em: <https://abcnews.go.com/US/wireStory/trump-postal-service-charge-amazon-loan-70336387>. Acesso em: 9 jun. 2020.
31. Brian Stelter, "White House Bans Network Pool Reporter from Rose Garden Event". CNN Business, 25 jul. 2018. Disponível em: <https://money.cnn.com/2018/07/25/media/white-house-kaitlan-collins-press-pool/index.html>. Acesso em: 9 jun. 2020.
32. William Cummings, "Trump Tears into 'Nasty' and 'Obnoxious' Fox News Host Chris Wallace for 'Dumb' Interview on Impeachment". *USA Today*, 17 nov. 2019. Disponível em: <https://www.usatoday.com/story/news/politics/2019/11/17/trump-calls-chris-wallace-nasty-obnoxious/4223775002/>. Acesso em: 9 jun. 2020.
33. Katie Rogers, "As Impeachment Moves Forward, Trump's Language Turns Darker". *The New York Times*, 1 out. 2019. Disponível em: <https://www.nytimes.com/2019/10/01/us/politics/trump-treason-impeachment.html>. Acesso em: 9 jun. 2020.
34. Manuel Roig-Franzia e Sarah Ellison, "A History of the Trump War on Media: The Obsession Not Even Coronavirus Could Stop". *The Washington Post*, 29 mar. 2020. Disponível em: <https://www.washingtonpost.com/lifestyle/media/a-history-of-the-trump-war-on-media--the-obsession-not-even-coronavirus-could-stop/2020/03/28/71bb21d0-f433-11e9-8cf0-4cc99f74d127_story.html>. Acesso em: 9 jun. 2020.
35. "2019 World Press Freedom Index: A Cycle of Fear". RSF, 2019. Disponível em: <https://rsf.org/en/2019-world-press-freedom-index-cycle-fear>. Acesso em: 9 jun. 2020.
36. Morgan Gstalter, "Capital Gazette Shooting Survivor: Trump Tweet Attacking the Media 'Makes Me Fear for My Life'". The Hill, 20 fev. 2019. Disponível em: <https://thehill.com/homenews/media/430773-capital-gazette-shooting-survivor-trump-tweet-attacking-the-media-makes-me>. Acesso em: 9 jun. 2020.
37. "Bolsonaro cancela assinaturas da *Folha* no governo federal e ameaça anunciantes do jornal". *Folha de S.Paulo*, 31 out. 2019. Disponível em: <https://www1.folha.uol.com.br/poder/2019/10/bolsonaro-determi-

na-cancelamento-de-assinaturas-da-folha-no-governo-federal.shtml>. Acesso em: 9 jun. 2020.

38. Rubens Valente, "Bolsonaro era agressivo e tinha 'excessiva ambição', diz ficha militar". *Folha de S.Paulo*, 16 maio 2017. Disponível em: <https://www1.folha.uol.com.br/poder/2017/05/1884332-bolsonaro-era-agressivo-e-tinha-excessiva-ambicao-diz-ficha-militar.shtml>. Acesso em: 9 jun. 2020.

39. "Relembre série de ataques de Bolsonaro à Folha desde a campanha eleitoral de 2018", *Folha de S.Paulo*, 28 nov. 2019. Disponível em: <https://www1.folha.uol.com.br/poder/2019/11/relembre-serie-de-ataques-de-bolsonaro-a-folha-desde-a-campanha-eleitoral-de-2018.shtml>. Acesso em: 9 jun. 2020.

40. Bernardo Caram, "*Folha* desceu 'às profundezas do esgoto', diz Bolsonaro sobre suspeita de caixa dois em campanha". *Folha de S.Paulo*, 6 out. 2019. Disponível em: <https://www1.folha.uol.com.br/poder/2019/10/folha-desceu-as-profundezas-do-esgoto-diz-bolsonaro-sobre-suspeita-de-caixa-dois-em-campanha.shtml>. Acesso em: 9 jun. 2020.

41. Rafael Balago, "Se Bolsonaro não renovar concessão da Globo, repetirá decisão de Chávez em 2006". *Folha de S.Paulo*, 30 out. 2019. Disponível em: <https://www1.folha.uol.com.br/poder/2019/10/se-bolsonaro-nao-renovar-concessao-da-globo-repetira-decisao-de-chavez-em-2006.shtml>. Acesso em: 9 jun. 2020.

42. Ibid.

43. "Violência contra jornalistas aumenta 54% em 2019". Fenaj, 16 jan. 2020. Disponível em: <https://fenaj.org.br/violencia-contra-jornalistas-aumenta-54-em-2019/>. Acesso em: 9 jun. 2020.

44. Ricardo Della Coletta, "Bolsonaro ataca repórter após perguntas sobre Flávio e Queiroz", op. cit.

45. "Organizações denunciam na ONU ataques à imprensa brasileira". Conectas, 10 mar. 2020. Disponível em: <https://www.conectas.org/noticias/organizacoes-denunciam-na-onu-ataques-a-imprensa-brasileira>. Acesso em: 9 jun. 2020.

46. "'Não vamos mais falar com a imprensa, pode esquecer', afirma Bolsonaro". op. cit.

47. Edmundo Leite, "Governo Lula cancelou visto de repórter e recuou em 2004". Acervo Estadão, 29 jul. 2019. Disponível em: <https://acervo.estadao.com.br/noticias/acervo,governo-lula-cancelou-visto-de-reporter-e-recuou-em-2004,70002945419,0.htm>. Acesso em: 9 jun. 2020.

48. "Governo cancela visto e bane do Brasil jornalista do 'NYT'". *Folha de S.Paulo*, 12 maio 2004. Disponível em: <https://www1.folha.uol.com.br/fsp/brasil/fc1205200402.htm>. Acesso em: 9 jun. 2020.
49. Talita Fernandes e Fábio Pupo, "Manifestantes pró-Bolsonaro agridem e ameaçam jornalistas em ato no Planalto; veja vídeo". *Folha de S.Paulo*, 3 maio 2020. Disponível em: <https://www1.folha.uol.com.br/poder/2020/05/manifestantes-pro-bolsonaro-agridem-e-ameacam-jornalistas-em-ato-no-planalto-veja-video.shtml>. Acesso em: 9 jun. 2020.
50. Ricardo Della Coletta, "Bolsonaro manda repórteres calarem a boca, ataca a *Folha* e nega interferência na PF". *Folha de S.Paulo*, 5 maio 2020. Disponível em: <https://www1.folha.uol.com.br/poder/2020/05/bolsonaro-manda-reporteres-calarem-a-boca-ataca-a-folha-e-nega-interferencia-na-pf.shtml>. Acesso em: 9 jun. 2020.
51. "*Folha* suspende temporariamente cobertura no Alvorada por falta de segurança". *Folha de S.Paulo*, 25 maio 2020. Disponível em: <https://www1.folha.uol.com.br/poder/2020/05/folha-suspende-temporariamente-cobertura-no-alvorada-por-falta-de-seguranca.shtml>. Acesso em: 9 jun. 2020.
52. "European Commission for Democracy through Law (Venice Commission) Opinion on Media Legislation of Hungary". Conselho da Europa, 22 jun. 2015. Disponível em: <https://www.venice.coe.int/webforms/documents/default.aspx?pdffile=CDL-AD(2015)015-e>. Acesso em: 9 jun. 2020.
53. "Conclusions of the Joint International Press Freedom Mission to Hungary". International Press Institute, 3 dez. 2019. Disponível em: <https://ipi.media/wp-content/uploads/2019/12/Hungary-Conclusions--International-Mission-Final.pdf>. Acesso em: 9 jun. 2020.
54. Marc Santora e Joanna Berendt, "Poland's State Media Is Government's Biggest Booster Before Election". *The New York Times*, 11 out. 2019. Disponível em: <https://www.nytimes.com/2019/10/11/world/europe/poland-election-state-television-tvp.html>. Acesso em: 9 jun. 2020.
55. "Holding the Line against Duterte's Attacks". RSF, 2020. Disponível em: <https://rsf.org/en/philippines>. Acesso em: 9 jun. 2020.
56. "Philippines: Duterte's 'Large-Scale Murdering Enterprise' Amounts to Crimes against Humanity". Amnesty International UK, 8 jul. 2019. Disponível em: <https://www.amnesty.org.uk/press-releases/philippines--dutertes-large-scale-murdering-enterprise-amounts-crimes-against>. Acesso em: 9 jun. 2020.

57. Ana Estela de Sousa Pinto e Patrícia Campos Mello, "'É preciso mapear as redes que estão espalhando fake news', diz jornalista filipina premiada". *Folha de S.Paulo*, 17 dez. 2018. Disponível em: <https://www1.folha.uol.com.br/mundo/2018/12/e-preciso-mapear-as-redes-que-estao-espalhando-fake-news-diz-jornalista-filipina-premiada.shtml>. Acesso em: 9 jun. 2020.
58. Ibid.
59. "Venezuela: novas leis colocam em risco a liberdade de expressão (analistas)". UOL Entretenimento, 21 dez. 2010. Disponível em: <https://entretenimento.uol.com.br/noticias/afp/2010/12/21/venezuela-novas-leis-colocam-em-risco-a-liberdade-de-expressao-analistas.htm>. Acesso em: 9 jun. 2020.
60. "Canal venezolano Globovisión será vendido tras presidenciales de abril". *El Tiempo*, Bogotá, 11 mar. 2013. Disponível em: <https://www.eltiempo.com/archivo/documento/CMS-12674664>. Acesso em: 9 jun. 2020.
61. Deisy Bultrago, "Venezuela proíbe que redes de TV transmitam protestos ao vivo". *O Globo*, 29 maio 2017. Disponível em: <https://oglobo.globo.com/mundo/venezuela-proibe-que-redes-de-tv-transmitam-protestos-ao-vivo-21405766>. Acesso em: 9 jun. 2020.
62. Patrícia Campos Mello, "Populismo hindu e reação a atos expõem perigo de fratura da democracia na Índia". *Folha de S.Paulo*, 22 dez. 2019. Disponível em: <https://www1.folha.uol.com.br/mundo/2019/12/populismo-hindu-e-reacao-a-atos-expoem-perigo-de-fratura-da-democracia-na-india.shtml>. Acesso em: 9 jun. 2020.
63. Evelyn Waugh. *Furo! Uma história de jornalistas*. São Paulo: Companhia das Letras, 1989.
64. "Bolsonaro manda repórter 'às favas' ao ser questionado sobre Datafolha". UOL Notícias, 23 mar. 2020. Disponível em: <https://noticias.uol.com.br/politica/ultimas-noticias/2020/03/23/bolsonaro-critica-datafolha.htm>. Acesso em: 9 jun. 2020.
65. Mario Sergio Conti, "Polícia Federal invade a sede da *Folha*". Folha 80 Anos, 2000. Disponível em: <https://www1.folha.uol.com.br/folha/80anos/tempos_cruciais-04.shtml>. Acesso em: 9 jun. 2020.
66. Ibid.
67. "Slogan". *O Pasquim*, 29 mar. a 4 abr. 1975. Disponível em: <http://memoria.bn.br/DocReader/124745/10080>. Acesso em: 9 jun. 2020.

CONCLUSÃO: SERÁ QUE UMA PANDEMIA PODE SALVAR O JORNALISMO?
[pp. 229-48]

1. Emerson Teixeira, "Jornalistas abandonam entrevista de Bolsonaro após minha fala". YouTube, 31 mar. 2020. Disponível em: <https://www.youtube.com/watch?v=CCWTkxCCw6Q&feature=emb_title>. Acesso em: 9 jun. 2020.
2. "78% se consideram bem informados sobre coronavírus". Datafolha, 10 abr. 2020. Disponível em: <http://datafolha.folha.uol.com.br/opiniaopublica/2020/04/1988655-78-se-consideram-bem-informados-sobre-coronavirus.shtml>. Acesso em: 9 jun. 2020.
3. "Infographic: Considerations for Advertising within News". Verizon Media, 1 abr. 2020. Disponível em: <https://www.verizonmedia.com/insights/trusted-news-infographic>. Acesso em: 9 jun. 2020.
4. Ella Koeze e Nathaniel Popper, "The Virus Changed the Way We Internet". *The New York Times*, 7 abr. 2020. Disponível em: <https://www.nytimes.com/interactive/2020/04/07/technology/coronavirus-internet-use.html>. Acesso em: 9 jun. 2020.
5. Patrícia Campos Mello e Eduardo Anizelli, "Famílias vivem angústias de vida e de morte atrás dos vidros no Emílio Ribas". *Folha de S.Paulo*, 18 abr. 2020. Disponível em: <https://www1.folha.uol.com.br/cotidiano/2020/04/familias-vivem-angustias-de-vida-e-de-morte-atras-dos-vidros-no-emilio-ribas.shtml>. Acesso em: 9 jun. 2020.
6. Ibid.
7. Disponível em: <https://twitter.com/realdonaldtrump/status/1247149300175589377>. Acesso em: 9 jun. 2020.
8. Marc Tracy, "News Media Outlets Have Been Ravaged by the Pandemic". *The New York Times*, 10 abr. 2020. Disponível em: <https://www.nytimes.com/2020/04/10/business/media/news-media-coronavirus-jobs.html>. Acesso em: 9 jun. 2020.
9. Adam Gabbatt, "US Newspapers Face 'Extinction-Level' Crisis as Covid-19 Hits Hard". *The Guardian*, 9 abr, 2020. Disponível em: <https://www.theguardian.com/media/2020/apr/09/coronavirus-us-newspapers-impact>. Acesso em: 9 jun. 2020.
10. Marina Dias, "Em evento esvaziado nos EUA, Bolsonaro nega crise e diz que problemas na Bolsa acontecem". *Folha de S.Paulo*, 10 mar. 2020. Disponível em: <https://www1.folha.uol.com.br/mercado/2020/03/

em-evento-esvaziado-nos-eua-bolsonaro-nega-crise-e-diz-que-problemas-na-bolsa-acontecem.shtml>. Acesso em: 9 jun. 2020.
11. Ella Koeze e Nathaniel Popper, "The Virus Changed the Way We Internet", op. cit.
12. Lucas Alonso, "Em blog, Ernesto Araújo escreve que coronavírus desperta para 'pesadelo comunista'". *Folha de S.Paulo*, 22 abr. 2020. Disponível em: <https://www1.folha.uol.com.br/mundo/2020/04/em-blog-ernesto-araujo-escreve-que-coronavirus-desperta-para-pesadelo-comunista.shtml>. Acesso em: 9 jun. 2020.
13. Soroush Vosoughi, Deb Roy e Sinan Aral, "The Spread of True and False News Online". *Science*, 9 mar. 2018. Disponível em: <https://science.sciencemag.org/content/359/6380/1146>. Acesso em: 9 jun. 2020.
14. Giulia Segreti, "Facebook CEO Says Group Will Not Become a Media Company". Reuters, 29 ago. 2016. Disponível em: <https://www.reuters.com/article/us-facebook-zuckerberg-idUSKCN1141WN>. Acesso em: 9 jun. 2020.
15. Karen Zraick, "Mark Zuckerberg Seeks to Clarify Remarks About Holocaust Deniers After Outcry". *The New York Times*, 18 jul. 2018. Disponível em: <https://www.nytimes.com/2018/07/18/technology/mark-zuckerberg-facebook-holocaust-denial.html>. Acesso em: 9 jun. 2020.
16. David Ingram e April Glaser, "Coronavirus Misinformation Makes Neutrality a Distant Memory for Tech Companies". NBC News, 24 mar. 2020. Disponível em: <https://www.nbcnews.com/tech/tech-news/coronavirus-misinformation-makes-neutrality-distant-memory-tech-companies-n1168001>. Acesso em: 9 jun. 2020.
17. Ricardo Senra, "Após Twitter, Facebook e Instagram excluem vídeo de Bolsonaro por 'causar danos reais às pessoas'". BBC News Brasil, 30 mar. 2020. Disponível em: <https://www.bbc.com/portuguese/brasil-52101240>. Acesso em: 9 jun. 2020.
18. Bruno Benevides, "Número de países com regulação contra fake news dispara durante a pandemia". *Folha de S.Paulo*, 20 abr. 2020. Disponível em: <https://www1.folha.uol.com.br/mundo/2020/04/numero-de-paises-com-regulacao-contra-fake-news-dispara-durante-a-pandemia.shtml>. Acesso em: 9 jun. 2020.
19. Ibid.

EPÍLOGO [pp. 249-50]

1. Leandro Colon, "PF identifica Carlos Bolsonaro como articulador em esquema criminoso de fake news". *Folha de S.Paulo*, 25 abr. 2020. Disponível em: <https://www1.folha.uol.com.br/poder/2020/04/pf-identifica-carlos-bolsonaro-como-articulador-em-esquema-criminoso-de-fake-news.shtml>. Acesso em: 9 jun. 2020.
2. Patrícia Campos Mello, "Operação contra fake news reforça suspeitas das eleições de 2018". *Folha de S.Paulo*, 1 jun. 2020. Disponível em: <https://www1.folha.uol.com.br/poder/2020/06/operacao-contra-fake-news-reforca-suspeitas-das-eleicoes-de-2018.shtml>. Acesso em: 9 jun. 2020.

ÍNDICE REMISSIVO

100% Noticias (TV nicaraguense), 215
11 de setembro de 2001, atentados de, 127
1964: O Brasil entre armas e livros (documentário), 91
5G, infraestrutura para, 134

Abbas, Zaffar, 106, 192
Abernathy, Penny, 236
Abraji (Associação Brasileira de Jornalismo Investigativo), 90, 97, 197
ABS-CBN (emissora filipina), 213
ação judicial por danos morais contra Bolsonaro, 106-8
Acosta, Jim, 190
Acxiom, 139
Adhanom, Tedros, 230
Afeganistão, 14, 77, 99, 222
África do Sul, 17
Agência Lupa, 36-7, 39, 65
Agência Pública (jornalismo investigativo brasileiro), 247
agências de marketing, 10-1, 18, 35, 41-2, 45, 47, 51, 69, 73
Ahval (site de notícias), 205
Albayrak, Berat, 204
Alckmin, Geraldo, 37, 43-4
Alcolumbre, Davi, 152
Alemanha, 21-2, 179, 191, 210
algoritmos, 150, 153, 225
Alpay, Sahin, 205
Alves Neto, Lindolfo, 54, 56, 74
AM4 (agência de marketing), 45
Amaral, Sérgio, 134
Amazon, 169, 190
Ambani, Mukesh, 160
ameaças on-line, 13, 93, 101-2, 106, 117, 191, 212, 221, 249
América do Sul, 132
America's Got Talent (programa de TV), 128
Amorim, Silvia, 44
Anistia Internacional (ONG), 211
Anizelli, Eduardo, 232
Annapolis (Maryland, EUA), massacre de jornalistas em, 192
Antagonista, O (site), 48, 98
Antônio, Marcelo Álvaro, 194
anúncios na internet, 169
Aos Fatos (agência de checagem), 38-9
Apoia-se (site de crowdfunding), 113
Ápyus, Marlos, 116
Arábia Saudita, 195, 206

Araguaia, guerrilha do, 91
Araújo, Ernesto, 206, 238
Arendt, Hannah, 26
Artigo 19 Brasil (ONG), 197
assédio sexual on-line, 96, 102; *ver também* misoginia e ataques misóginos
assinaturas de jornais, 186-7
Associação Mundial de Publishers de Notícias, 236
Associated Press, 93
astroturfing (disseminação de conteúdos recorrendo-se a terceiros), 27-9; *ver também bots*; robôs
AT&T Corporation, 189
Atibaia, caso do sítio de, 19, 183
Autoridade de Concorrência da Hungria, 208
autoritarismo, 23, 214
Ayyub, Rana, 103-4
Azevedo, Reinaldo, 74

Bahia, 44, 112
balanços de empresas de capital aberto, 171-2
"banana", gesto de (feito por Bolsonaro), 99, 107, 198
Band (TV), 86
Bandeirantes (TV), 193
Bannon, Steve, 131-4, 137-8, 145, 149, 177-8
Baquet, Dean, 191
Barbalho Filho, Hélder, 86
Barbosa, Bene, 118
Baron, Martin, 191
Barros, Filipe, 79, 250
Barroso, Luís Roberto, 15, 69
Batista, Joesley, 46

Baydar, Yavuz, 205
BBC (British Broadcasting Corporation), 21
BBC Brasil, 30
BBC World Service, 23
Bebianno, Gustavo, 48
Belém (PA), 85
Belo Horizonte (MG), 89
Benevenuto, Fabrício, 34
Benevides, Bruno, 244
Bergamo, Mônica, 16-7
Bertelsmann (conglomerado de mídia alemão), 209
Bezos, Jeff, 190
Big Data, 149, 155
Bisen, Arjun, 28-9
Bites (consultoria), 152
BJP (Bharatiya Janata Party), 28, 58, 105, 155-61, 220-1
Blog da Cidadania, 113
blogs governistas, 112-3
Bloomberg, 208
BNDES (Banco Nacional de Desenvolvimento Econômico e Social), 109
Bolívia, 244
bolsonarismo/bolsonaristas, 16, 72, 74, 76, 79-80, 106, 111-3, 115-9, 132-3, 135, 137, 147, 151-2, 180, 244, 249
Bolsonaro, Carlos, 31-2, 109, 115, 250
Bolsonaro, Eduardo, 80, 83, 95-6, 99, 109, 111, 117, 120, 131-2, 134-5, 206
Bolsonaro, família, 90, 112, 131, 137
Bolsonaro, Flávio, 38, 79, 89-90, 112, 197
Bolsonaro, Jair, 11, 13, 15, 25, 30-2,

34-5, 37, 40, 45-6, 48-9, 51, 58-60, 67, 69, 74, 76, 78-9, 83-5, 87-91, 96, 98, 106-11, 115-7, 119, 131-3, 135-8, 149-52, 162-4, 167, 170-1, 174-6, 178, 183, 186, 193-5, 197, 199, 206, 214, 225, 242, 245

Bolsonaro Opressor (perfil na internet), 116

Bolsonaro TV (canal do YouTube), 115

Bolsonaro Zuero (perfil na internet), 116

Bonifield, John, 188

Boston Globe (jornal), 182

Bot Sentinel (plataforma), 151, 153

bots (robôs da internet), 13, 17, 19, 24, 47, 144, 151, 153

Bouzy, Christopher, 151

Boyle, Matthew, 177-8, 181

Bragon, Ranier, 194

Brant, Danielle, 94

Brant, Gerald, 132

Brasil, 157, 176, 182, 193, 197, 206, 232

"Brasil marcou um golaço ao financiar Mariel" (reportagem da *Folha*), 108-9

Brasil Paralelo (produtora), 91

Brasília, 94, 193

Brazil Forum UK, 58

Brazilian Trump (aplicativo para celular), 115

Breitbart News (site), 177-80, 184

Brexit, 142, 148, 151

Buhari, Muhammadu, 141

Bulk Services (plataforma), 55-6

Burgierman, Denis, 113

Burguesia Fede (página no Facebook), 31

Bush, George H. W., 126

Bush, George W., 128

Cafezinho, O (blog), 113

Cafezinho com Pimenta (canal do YouTube), 229

caixa dois, 11, 42, 60, 194

Callegaris, Contardo, 99

calúnias e difamações, 9-10, 27, 36-7, 75-6, 81-3, 92, 94-5, 107-8, 117, 120, 153-4, 199; *ver também* misoginia e ataques misóginos

Câmara de Vereadores de Belém (PA), 85

Câmara dos Deputados, 83, 97, 99, 173

Cambridge Analytica (CA), 138-43, 145

campanhas políticas, 28, 31, 58-9, 63, 67, 139, 151

Campos, Joaquim, 85-6

Capital Gazette (jornal), 192

Cardoso, Fernando Henrique, 118

Carioca (Márvio Lúcio), 78

Carvalho, Olavo de, 39, 113, 115, 133-7, 152, 242

Casa Branca, 105, 129, 131, 190, 193

Ceará, 85

Cenp-Meios, 169

censura, 21, 75, 92, 101, 116, 217, 219, 240, 242

Centro para Engajamento da Mídia (Universidade do Texas), 102

Ceticismo Político (site), 36

Chakrabarti, Samidh, 145

Chamorro, Carlos Fernando, 216

Chaturvedi, Swati, 159

Chauthaiwale, Vijay, 158

Chávez, Hugo, 196, 216-8
Chávez, Verónica, 215
checagem de fatos, 36-9, 117, 130, 224, 239, 241, 245
Chen, Gina, 102
China, 23, 111, 133, 136, 181, 191, 206
Cinturão da Ferrugem (EUA), 161
circulação dos grandes jornais, 169--70, 186-7
Clinton, Hillary, 125, 140, 144
cloroquina (medicamento), 162-3, 241
CNBC (Consumer News and Business Channel), 231
CNN (Cable News Network), 178, 188-90
CNN Turk, 203
CNPCP (Conselho Nacional de Política Criminal e Penitenciária), 118
Coelho, Luciana, 30
Collins, Kaitlan, 190
Collor, Fernando, 226-7
Colômbia, 65
Comando Vermelho, 37
Comissão de Valores Mobiliários (CVM), 172
Comitê sobre o Perigo Atual (EUA), 133
"Como manter a integridade em época de eleições" (painel do Festival Gabo), 66
comunismo, 111, 131, 133, 191, 200
"comunistas", 9, 12, 19, 109, 118, 201, 238
Conectas Direitos Humanos (ONG), 197
Conexão Política (site), 112

Conferência da Ação Política Conservadora (CPAC, EUA), 134, 189
Confidencial (revista on-line nicaraguense), 216
Congresso dos EUA, 105, 109, 190
Congresso Nacional, 79, 88, 94, 97, 109-10, 119, 171-3, 195, 199, 244
Conselho de Direitos Humanos da ONU, 197
Conselho Federal de Jornalismo (projeto de Lula), 199
Conti, Mario Sergio, 227
Controladoria Geral da União, 114
Conway, Kellyanne, 130
Coreia do Norte, 191
Corona, Edgard, 249
coronavírus *ver* covid-19, pandemia de (coronavírus)
Coronel, Angelo, 80
Corporação de Radiodifusão do Reich, 27
Correio Braziliense (jornal), 170, 202
corrupção, 42, 45-6, 185, 218
covid-19, pandemia de (coronavírus), 93, 110, 162-3, 171, 190, 226, 229-32, 234-9, 241-6
CPJ (Comitê de Proteção aos Jornalistas), 105, 205, 209, 215
CPMI das Fake News, 72-4, 79-80, 83, 94-5, 114; *ver também* fake news/ notícias falsas
Crimeia, anexação russa da, 25
criptografia, 27
crise econômica, 110, 176, 233, 235
Crítica Nacional (site), 112, 115
Croc Services (agência de marketing), 43
crowdfunding, 113

Cruz, Francisco Brito, 137
Cruz, Ted, 142
Cuba, 23, 108-9
Cultura (TV), 87
cyber yodhas ("guerreiros cibernéticos" hindus), 155, 159
cyberbullying, 79, 109, 120; *ver também* linchamento virtual

D'Ávila, Manuela, 47, 49
Da Empoli, Giuliano, 49, 149-50
Daily Caller (site), 231
Daily Philippines Inquirer (jornal), 211
Daily Sabah (jornal turco), 204
Dal Piva, Juliana, 91
Dallas Morning News (jornal), 182
Darío (rádio nicaraguense), 214
Datafolha, pesquisas do, 40, 45, 231
Datena, José Luiz, 98
Dávila, Sérgio, 100
Dawn (jornal paquistanês), 193
deepfake, tecnologia de, 104
Demiroren Group (conglomerado turco), 203-4
democracia, 79, 90, 98, 100, 144, 147, 176, 186, 205, 213, 226, 228
democratas (EUA), 25, 129, 140, 143, 148, 177, 185
desinformação, 23, 29, 33-4, 39, 57-8, 67-8, 70, 72, 102, 145, 156, 230, 241-2, 245, 249; *ver também* fake news/notícias falsas
Deutsche Welle, 93
Dev, Kishav, 159
Diário do Centro do Mundo (blog), 113
Diário Oficial da União, 172
Dias, Marina, 89, 132, 198

difamação *ver* calúnias e difamações; misoginia e ataques misóginos
Dimenstein, Gilberto, 226
direita política, 31, 36, 96, 116, 119, 131-3, 137, 148, 168, 178, 181, 183-4, 187-9, 203, 206, 210, 228, 231, 242
Direito eleitoral digital (Rais), 72
direitos humanos, 29, 104, 117
disparos em massa, 10, 17-8, 24, 42-3, 50-1, 58-60, 65, 67, 69-71, 74, 79, 249-50; *ver também* SMS; WhatsApp
ditadura militar (1964-85), 92
Dixit, Neha, 104, 222
doações de empresas a campanhas eleitorais, 11, 42, 63, 142
Dogan Media Company, 203
dólar, cotação do, 110
Doria, João, 53, 233-4
DOT Group (empresa de marketing), 44
doxxing (exposição nas redes sociais), 113
drogas, guerra filipina contra as, 210-1
Duailibi, Julia, 98
Duterte, Rodrigo, 164, 175, 203, 210-3

ebola, epidemia de, 14, 77, 99
economia brasileira, 45-6, 110
Economic Times (jornal), 158
Economist, The (jornal), 225
Egito, 206
Eisenhower Executive Building Office (Washington), 105
Eleições Sem Fake (projeto), 34, 37
Em defesa do socialismo (Haddad), 39
embeds (funcionários de plataformas imiscuídos em campanhas eleitorais), 140

"Empresários bancam campanha contra o PT pelo WhatsApp" (reportagem da *Folha*), 42
empresários bolsonaristas, 249-50
Engenheiros do caos, Os (Da Empoli), 149
Enviawhatsapps (agência de marketing), 58-9
Época (revista), 30, 183
Erdogan, Recep Tayyip, 203-5
Eritreia, 206
Espanha, 58, 60, 62
esquerda política, 12, 19, 37, 85, 96, 99, 109, 115, 133, 137, 147, 178, 181-3, 196, 203, 210, 215, 228, 231
establishment, 128, 147, 177
Estado de Minas (jornal), 170
Estado de S. Paulo (jornal), 30, 87, 89, 98, 121, 170, 183, 186-7, 200-1, 227
Estado Islâmico, 14
Estados Unidos, 19, 22, 30, 62, 66, 101, 105, 109-1, 123, 125, 127-8, 133-4, 136, 143-4, 146-8, 162, 169, 182, 184, 187, 189, 191, 206, 215, 231, 236, 241-2, 247
Europa, 132, 148
European Centre for Press and Media Freedom (ECPMF), 209
European Federation of Journalists (EFJ), 209
Evancho, Jackie, 128
evangélicos, 36
Experian, 139

FaceApp (aplicativo), 138
Facebook, 13, 15, 17, 22-4, 30-4, 36, 40-1, 69-70, 76, 78, 84, 86, 92, 100, 104, 113, 130, 138-40, 144-5, 148, 150, 152, 155, 157, 159-60, 169, 212-3, 225, 231, 238, 240-2, 245
factoides, 108, 110, 119, 165
Fairey, Shepard, 127
fake news/notícias falsas, 13, 15-6, 30, 34-7, 41, 43, 48, 50, 58, 76, 79, 104, 116-7, 146, 153, 159, 168, 173, 176-80, 185, 189, 193, 211-2, 221, 230, 233, 236, 238-9, 241-6, 249-50; *ver também* CPMI das Fake News
Fakhoury, Otávio Oscar, 115, 249
"falsa equivalência", 162
Farage, Nigel, 150
fascismo, 133, 219
"fatos alternativos", 130
Federação Nacional dos Jornalistas (Fenaj), 196
Fernandes, André, 85
Fernandes, Manoel, 152
Fernandes, Millôr, 228
Fernandes, Og, 250
Fernandes, Talita, 86-7
Ferreira, Flávio, 183
Festival Gabo (Medellín), 65
Fidesz (partido húngaro), 168, 176, 207
Fiesp (Federação das Indústrias do Estado de São Paulo), 174
"Fight Song" (canção), 125
Filipinas, 19, 175, 203, 210
Financial Times (jornal), 93, 136, 246
firehosing (disseminação de informação on-line), 24, 26
Flávia (irmã de Lindolfo), 54, 56

Folha de S.Paulo (jornal), 10, 13, 16, 19, 30, 49, 51, 76, 78, 82-3, 86, 89, 94, 99-100, 120-1, 135, 149, 170-1, 174, 178, 181-3, 186-7, 193-4, 198, 200-2, 225-7, 246, 250
Folha Política (página no Facebook), 30
Foro de São Paulo, 119, 137, 214
Fox News, 184, 191
França, 191, 205, 210
Franco, Marielle, 36-7, 112, 195
Franklin, Aretha, 127
Free Press Unlimited (FPU), 209
Frias, Luiz, 49
Frias, Maria Cristina, 49
Frias Filho, Otávio, 226-7
Friends API (mecanismo digital), 138
Fronteiras: Territórios da literatura e da geopolítica (Campos Mello et al.), 147
Frota, Alexandre, 9, 72, 119-21
Furo! (Waugh), 222-3

G1 (portal de notícias), 202
"gabinete do ódio", 79-80, 116, 119, 152, 249
Gahona, Ángel, 215
Galícia (Espanha), 60-1
Garcia, Marco Aurélio, 200
García Márquez, Gabriel, 65
Gasparian, Taís Borja, 107
Gerindra (Partai Gerakan Indonesia Raya), 28
Ghosh, Bobby, 220
globalização, 147, 223
Globo (TV), 110-1, 171, 175, 194-5, 201-2, 227

Globo, O (jornal), 44, 89-91, 170, 183, 186-7, 202
Globovisión (TV venezuelana), 217-9
Goebbels, Joseph, 21, 27
Gomes, Ciro, 38
Gomes, José Matheus Sales, 115
Google, 9-10, 69, 114, 140, 143-4, 152, 169, 225, 245
GoogleAds, 114
Gragnani, Juliana, 30
Greenwald, Glenn, 180, 199
Grillo, Beppe, 150
Guardian, The (jornal), 237, 247
Guedes, Paulo, 110
Guerra Fria, 22
Gujarat Files (Ayyub), 103
Gujarat, massacre de (Índia, 2002), 103
Gülen, Fethullah, 205

"Hábito de beber do líder brasileiro torna-se preocupação nacional" (reportagem do NYT), 199
Haddad, Fernando, 10, 13, 32, 37, 39-40, 45, 47, 49, 73-4
Hang, Luciano, 31, 117, 249
Hannity, Sean, 184
hashtags, 13, 48, 151-4, 159
Hasselmann, Joice, 72, 119
Havan (rede de lojas), 117, 249
Heritage Foundation (centro de pesquisas conservador), 177
Hindu, The (jornal), 222
hindus, 103-5, 147, 155, 157-9, 221
Hindustan Times (jornal), 220
Hipócritas (canal do YouTube), 76, 112-3
Hitler, Adolf, 21-2

Hizmet (movimento turco), 205
Holocausto, 240
homofobia, 39, 102, 107, 148, 197
Hong Kong, protestos em, 23
"Hope" (desenho de Shepard Fairey), 127
Hospital das Clínicas (São Paulo), 234
Houston Chronicle (jornal), 182
How to Win an Indian Election: What Political Parties Don't Want You to Know (Singh), 156
Huawei, 134
Huck, Luciano, 98
Hungria, 168, 170-1, 176, 203-4, 206-10, 244
Hürriyet (jornal turco), 203

I Am a Troll: Inside the Secret World of the BJP's Digital Army (Chaturvedi), 159-60
IBGE (Instituto Brasileiro de Geografia e Estatística), 108
Ideia Big Data (consultoria), 33
imigrantes ilegais nos EUA, 25, 148
imprensa profissional *ver* mídia tradicional
Imprensa Viva (página no Facebook), 30
Índia, 19, 22, 28-9, 57-8, 62, 68, 102, 104, 106, 154, 156, 158, 160-1, 193, 203, 219-22, 243
Indonésia, 22, 28-9, 68
Infogroup, 139
InfoWars (site), 184
Instagram, 13, 22-4, 32, 69, 78, 84-5, 92, 120, 131, 140, 152, 187, 241
Instituto Emílio Ribas (São Paulo), 232-4

Instituto Patrícia Galvão — Comunicação e Mídia, 108
Instituto Vladimir Herzog, 197
inteligência artificial, 23, 104, 153
Intercept (site), 31, 180, 199, 247
International Center for Not-for--Profit Law (ICNL), 243, 246
International Press Institute (IPI), 209
International Women's Media Foundation, 101
Internet Archive, 56
InternetLab, 70, 137
Intervenção das Forças Armadas (página no Facebook), 31
Intervozes (ONG), 197
IP (Internet Protocol), 27
Ipsos Mori, pesquisa da, 40
Irã, 206, 240
Iraque, 14, 77, 99, 144
Irmandade Muçulmana, 93
Isentões (perfil na internet), 112
islamofobia, 127
Istambul, protestos em (2013), 203

Jair Bolsonaro 2018 (página no Facebook), 31
Jardim das aflições, O (documentário), 134
Jenner, Caitlyn, 125
Jonathan, Goodluck, 141
jornais como fonte de informação no Brasil, 34
jornais impressos, assinaturas de, 187
Jornal da Cidade (site), 112
Jornal Nacional (telejornal), 178
jornalismo, 41, 65-6, 86, 89, 92, 98, 100, 118, 167, 181, 187, 195, 207, 213,

215, 222-6, 229, 231, 235-6, 246-7; *ver também* mídia tradicional
jornalistas, 12, 16, 19, 49, 72, 76-8, 87, 90, 92-3, 97, 99-102, 105-6, 116, 118, 120, 130, 135, 137, 159, 164, 167, 176, 182, 184-5, 188-9, 191-2, 196-8, 201, 203-5, 207, 210-23, 226-30, 232, 235, 237, 247; *ver também* mulheres jornalistas, desafios de
"Jornalista da *Folha*" (vídeo difamatório), 75-6
Justiça Eleitoral, 250
Juvêncio, Austrália Maia, 234-5

Kaiser, Brittany, 139, 142
Kalyan Puri (bairro pobre de Nova Delhi), 159
Kanal D (emissora turca), 203
KANU (União Nacional Africana do Quênia, em inglês), 140
Karnataka (estado indiano), 158
Keeping Up with the Kardashians (reality show), 125
Keith, Toby, 128
Kenyatta, Jomo, 141
Kenyatta, Uhuru, 140
Kicis, Bia, 250
Kiplix (agência de marketing), 54
"kit gay", 39
Közép-Európai Sajtó és Média Alapítvány (KESMA), 208
Küster, Bernardo, 112

La Coruña (Espanha), 60, 62
Lampell, Zachery, 246
Lava Jato, Operação, 73
legislação eleitoral, 11, 43, 70, 73
lei nº 13.488/2017, 11, 63
Leitão, Míriam, 17, 91-2
Líbano, 99
liberdade de imprensa, 105, 170, 197, 200, 209, 243
Liberdade de Imprensa (ranking do RSF), 176, 191, 206, 216, 222
Liberty Ball (baile oficial em Washington), 124
Líbia, 14, 77
Like War: The Weaponization of Social Media (Singer), 145
linchamento virtual, 19, 78-9, 93, 100-1, 103, 116, 221
Lo Prete, Renata, 183
Lobato, Elvira, 226
London School of Economics, 58, 176
Los Angeles Times (jornal), 182
Lula da Silva, Luiz Inácio, 19, 32, 183, 198-200

machismo, 81, 97, 101
Maduro, Nicolás, 203, 218
Magalhães, Vera, 87, 98-9, 121
Magnoli, Demétrio, 169
Magyar Nemzet (jornal húngaro), 208
Maia, Rodrigo, 97, 151-2, 173
Mainardi, Diogo, 98
Malviya, Amit, 158
"mamadeira", fake news da, 39
Mandetta, Luiz Henrique, 152
Mann Ki Baat (programa radiofônico indiano), 220
"máquina do ódio", atuação da, 118-9, 152-3
Marcelo.zarife (perfil do Instagram), 120

Maria Lucimar (empregada doméstica), 100
Mariel, Porto de (Cuba), 109
Mark (operário americano), 161
Marly Angélica (enfermeira), 235
marqueteiros, 41, 143, 150
Martins, Filipe, 115
Martins, Luciano, 84
Massachusetts Institute of Technology (MIT), 239
Mattoso, Camila, 194
May, Theresa, 148
McLuhan, Marshall, 149
MDB (Movimento Democrático Brasileiro), 86
Mead, Walter Russel, 134
Medellín (Colômbia), 65
Meirelles, Henrique, 45, 53
memes, 13, 18, 24, 34, 36, 78, 88, 96, 101, 107, 120
Mendes, Gilmar, 80, 173
mensalão, escândalo do, 19, 183
Mercer, Rebekah, 142
Mercer, Robert, 42
Mészáros, Lörinc, 207-8
Metro (jornal nicaraguense), 216
Metrópoles (portal de notícias), 202
México, 151
microtargeting (microdirecionamento), 31, 139, 142, 145-6, 155
mídia tradicional, 40, 130, 138, 155, 162, 164, 168-70, 177-8, 180-1, 183-5, 188, 192-5, 203-4, 206-7, 219-20, 225, 228, 231-2, 235-7, 246-8; *ver também* jornalismo; jornalistas
mídias sociais *ver* redes sociais

milícias digitais, 72, 92, 106, 114-5, 119
milícias no Rio de Janeiro, 90, 112
Milliyet (jornal turco), 204
"mineração de dados", 47
Ministério Público, 96
Miranda, David, 180
misoginia e ataques misóginos, 86-92, 96-8, 101-2, 154
Modi, Narendra, 58, 103, 154, 159-61, 203, 220-1
Monitor do Debate Político no Meio Digital da Universidade de São Paulo (USP), 30
Moore, Roy, 188
Mora, Miguel, 215
Moraes, Alexandre de, 249
Moro, Sergio, 118
Mosseri, Adam, 241
Mourão, Hamilton, 189, 250
Movement, The (grupo de direita), 131-2
Movimento Brasil Conservador (site), 112
Movimento Conservador (página do Facebook), 76
Moynihan, Daniel Patrick, 129
muçulmanos, 103-5, 141, 147, 155, 159, 179, 204
mulheres jornalistas, desafios de, 77-8, 92-3, 101; *ver também* misoginia e ataques misóginos
Muller, Robert, 144
Murillo, Rosario, 214
Mussi, Jorge, 50, 64
"My Way" (canção), 126

Nacional, El (jornal venezuelano), 219

nacionalismo, 29, 131-2
NaMo (aplicativo indiano), 161
Nascimento, Hans River do Rio, 51-4, 56-7, 74, 79-83, 93-6, 98, 100, 107, 120
National Alliance, The (Quênia), 141
National Public Radio (EUA), 162
nazismo, 21, 27
NDTV (emissora indiana), 220, 222
neoliberalismo econômico, 133
Népszabadság (jornal húngaro), 208
Népszava (jornal húngaro), 208
Nery, Natuza, 98
Neves, Marília de Castro, 37
New York Daily News (jornal), 182
New York Times, The (jornal), 163, 177-8, 182, 186, 191, 193, 199-200, 231, 236, 246-7
Nexo (jornal digital), 225
Nicarágua, 203, 214-6
Nigéria, 140-1
Nix, Alexander, 141-2
Nóbrega, Adriano da, 112
notícias falsas *ver* fake news
Nova Delhi (Índia), 58, 60, 156, 159
Nova York, 131
Novoa, Luis, 58-9, 61-3
Nuevo Diario, El (jornal nicaraguense), 216

O'Keefe, James, 187-8
OAB (Ordem dos Advogados do Brasil), 90
Obama, Barack, 109, 126-7, 129-30, 155, 162, 182
Odebrecht, Marcelo, 73
ombudsman, 181-2

OMS (Organização Mundial da Saúde), 230, 242
On the Media (programa de rádio), 162
One Free Press Coalition, 93
ONU (Organização das Nações Unidas), 197
opinião pública, 30, 57, 154, 165, 212, 246
opposition research, tática da, 187
Orbán, Viktor, 23, 150, 167-8, 170, 176, 203-4, 207-10
Origens do totalitarismo (Arendt), 26
Ortega, Daniel, 203-4, 216
Ortellado, Pablo, 30
Otavio, Chico, 89-90

Pacella, Rachael, 192
Pacheco, Augusto Pires, 76
País, El (jornal), 225
Palácio da Alvorada, 83, 87-8, 96, 99, 167, 198, 201-2, 229
Palácio do Planalto, 116, 200
Palocci, Antonio, 19, 73, 183
PalomaSolna23 (perfil do Instagram), 85
pandemia *ver* covid-19, pandemia de (coronavírus)
panelaços (2020), 111
Paquistão, 106, 193
Pará, 86
Parlamento Europeu, 68
Parque Gezi, protestos do (Istambul, 2013), 203
Parscale, Brad, 141, 146
Partido Comunista Chinês, 131, 133
Partido Popular (PP, Espanha), 60

PDT (Partido Democrático Trabalhista), 250
Pence, Karen, 126
Pence, Mike, 105-6, 126, 193
Piano Guys, The (banda), 125
PIB brasileiro, 46, 108-9, 198
Pillar, Patrícia, 38
Pineda, Lucía, 214-5
Pires, Bruno, 84
Plantão Brasil (página no Facebook), 31
Pleno News (site), 112
Poços de Caldas (MG), 96
Podemos (partido brasileiro), 86
Podemos (partido espanhol), 59-60
Poder 360 (jornal digital), 225
Podolski, Lukas, 179-80
Polícia Federal, 50, 201, 227, 249
políticas identitárias da esquerda, 147
Polônia, 206, 210
Pontes, Evandro, 115
populismo, 31, 49, 100-1, 106, 123, 138, 145, 147-8, 150, 164-5, 177, 185, 192, 203, 225, 227, 248; *ver também* tecnopopulismo
Povo, O (jornal), 225
Pravda (jornal soviético), 200
Prêmio Gwen Ifill de Liberdade de Imprensa, 105, 193
Prêmio Internacional de Liberdade de Imprensa, 105
Prensa, La (jornal nicaraguense), 216
Presidência da República, 10, 39, 68-9, 74, 114-5, 117, 176, 200, 212
Presidente Jair Bolsonaro (aplicativo para celular), 115
Previdência, reforma da, 114
Primavera Árabe, 203

Project Veritas (grupo americano de direita), 187-9
propaganda política, 25, 29-31, 33, 43, 60, 70-2, 143
ProPublica (agência americana), 247
protesto contra as medidas de distanciamento social (São Paulo, 2020), 234
PSD (Partido Social Democrático), 80
PSDB (Partido da Social Democracia Brasileira), 44
PSL (Partido Social Liberal), 45, 48, 79
PSOE (Partido Socialista Obrero Español), 60
PT (Partido dos Trabalhadores), 10-2, 19, 37-9, 42, 45-8, 65, 73-4, 113, 117, 250
Putin, Vladimir, 25

Qatar, 15, 212
Qiushi, Chen, 93
Queiroz, Fabrício, 197
Quênia, 140, 162
Querino, Peterson Rosa, 65
Quickmobile (agência de marketing), 43, 65

racismo, 17, 18, 102, 148, 187
Radikal (jornal turco), 203
rádio como fonte de informação no Brasil, 34
Rais, Diogo, 72
Rajastão (estado indiano), 155
Rand Corporation (think tank), 33
Rappler (site filipino), 211-2
Rashtriya Swayamsevak Sangh (RSS, grupo extremista hindu), 105, 159

Rastreador de Liberdades Civis da ICNL, 243
Rathbone, John Paul, 136
RCTV (Radio Caracas Televisión), 196, 217
Reagan, Ronald, 126
Record (TV), 171
Rede (partido), 36
Rede Internacional de Checagem de Fatos, 36, 239
redes sociais, 9, 12-3, 17, 19, 23, 25, 27-8, 30-4, 36, 38, 47-8, 57-8, 63, 69, 78, 83, 85, 88-9, 92, 98, 102, 104, 108, 110, 112-3, 116, 136-8, 144-5, 149, 152, 154-7, 159, 165, 167, 179, 185-7, 192, 194, 211-2, 219, 221, 224, 230-1, 238, 244-6, 248-9; *ver também* Facebook; Instagram; Twitter; WhatsApp; YouTube
refugiados, 14, 29, 77
Reliance Jio (empresa de telefonia indiana), 160
Renova Mídia (site), 112, 178
Rentschler, Eric, 22
Repórteres sem Fronteiras (RSF), 176, 191, 206, 209, 216, 222
Repubblica, La (jornal), 225
Republic (TV indiana), 221
República de Curitiba (site), 112
republicanos (EUA), 126, 140, 142-3, 146, 177, 185, 188
Ressa, Maria, 175, 211-2
Reuters, 93
Rezende, Constança, 89
Rio de Janeiro, 38, 44, 112
RNC (Comitê Nacional Republicano, EUA), 146

robôs, 13, 24, 27, 79, 92, 154; *ver também* bots; *sockpuppets*; *trolls*
Roda Viva (programa de TV), 87
Rodrigues, Artur, 17, 51
Rohter, Larry, 199-200
Romney, Mitt, 182
Rossi, Clóvis, 227
Rousseff, Dilma, 46, 65, 183
Roy, Prannoy, 220
RTL Klub (emissora húngara), 208
Ruhr Nachrichten (jornal alemão), 179
Ruschel, Leandro, 112
Rússia, 25, 33, 144, 188, 221

Sabah (jornal turco), 204
Sacco, Justine, 18
SaferNet, 70
Sakamoto, Leonardo, 117
Salvini, Matteo, 138, 150
Sampaio, Dida, 200-1
"Santa Ceia da direita" (EUA, 2019), 132
Santos, Allan dos, 107, 113-4, 178, 180, 189, 249
Santos, Sílvio, 118
Santos Cruz, Carlos Alberto dos, 119
São Paulo, 14, 30, 44, 52, 55, 58, 119, 137, 175, 178, 183, 214, 232-3, 235, 237
SBT (Sistema Brasileiro de Televisão), 117-8, 171
Schlapp, Matt, 134
SCL (Strategic Communication Laboratories), 141
Scroll (site indiano), 222
Seabra, Cátia, 183

Secom (Secretaria Especial de Comunicação Social), 114
Segunda Guerra Mundial, 240
Senado, 33, 152, 188
Senso Incomum (site), 112, 115
Serra Leoa, 77, 99
sexismo, 85, 97, 102, 105, 117; *ver também* misoginia e ataques misóginos
Shah, Amit, 103, 155, 220
Sharifov, Daler, 93
Sheherazade, Rachel, 117
Silva, Marina, 35-6
Simon, Joel, 105
Sinatra, Frank, 126
Singer, P.W., 145
Singh, Shivam Shankar, 156-7
Síria, 14, 77, 99
sites de notícias, 24, 28, 30, 34, 71, 152, 231
sítio de Atibaia, caso do, 19, 183
Skill India (programa federal indiano), 156
Smart Fit (rede de academias), 249
SMS (mensagens de texto), disparos em, 65, 146
social-democracia, 133
socialismo, 39
sockpuppets (perfis falsos na internet), 17, 144, 153
Sombra, Thiago, 70
Soros, George, 118, 168
spam, 54, 70
Spicer, Sean, 129-30
Springsteen, Bruce, 127-8
Sudão do Sul, 222
SuperNotícia (jornal), 170
Supple, Ben, 66

Supremo Tribunal Federal (STF), 11, 15, 42, 69, 80, 88, 110, 152, 171, 173, 246, 249-50
Szabó, Ilona, 118-9

Taiwan, 23
Tajiquistão, 93
Tardáguila, Cristina, 36, 65-6, 239
Tarde, A (jornal), 170
tecnopopulismo, 49, 131, 133, 150, 160, 186
Teixeira, Emerson, 229
telefonia, operadoras de, 22, 71, 134, 160
Telegram, 152
telemarketing, 45, 70
Telesur (TV estatal venezuelana), 217
Temer, Michel, 46, 97-8, 195
Teófilo, Josias, 134
Terça Livre (blog), 89-90, 112-4, 178, 180, 189, 249
Texas Tribune (jornal), 247
Tijolaço (blog), 113
Time (revista), 16, 211
Time Warner, 189
Times of India (jornal), 155
Todd, Chuck, 130
Toffoli, Dias, 152, 249
Tomaz, Tercio Arnaud, 115
Top Bolsonaro Wallpapers (aplicativo para celular), 115
tortura, 91-2
tráfico de crianças na Índia, 105
transgênero, pessoas, 109, 110, 125, 148
transparência na mídia, necessidade de, 223-4
trending topics, 13, 159
Tribunal de Contas da União (TCU), 170

Tribunal Regional do Trabalho, 56-7
Tribunal Superior Eleitoral (TSE), 11, 18, 26, 31, 38, 42, 45, 48-50, 53, 60, 64, 69-72, 250
Tripura (estado indiano), 156
TrollBusters, 101
trolls (perfis falsos na internet), 17, 19, 24, 92, 104-5, 119, 153-4, 159, 211-3, 221
Trump, Donald, 25, 105-6, 108, 123, 125-32, 134, 137-44, 146, 148-50, 161-4, 176, 177, 181, 183-93, 198, 210, 236, 241-2
Trump, Melania, 126
Trump International Hotel (Washington), 135
Trust Project, 225
Truthdig (site), 231
Tu Nueva Radio Ya (rádio nicaraguense), 215
Tucciarelli, Danilo Renato, 96-7
Turollo Jr., Reynaldo, 71
Turquia, 203-6, 221
TV como fonte de informação no Brasil, 33
Twitter, 13, 15-8, 23-4, 34, 69, 78, 83-6, 88-9, 92, 98, 102, 104, 108, 111, 113, 116-7, 130, 138, 140, 144, 151, 153-4, 164, 177, 180, 184, 192, 220, 225, 230, 236, 241-2, 245

U2 (banda), 127
uigures, repressão chinesa a, 23
União Conservadora Americana, 134
União Europeia, 204
União Soviética, 22, 133, 183, 200
Universidade de Oxford, 58
Universidade de São Paulo (USP), 30
UOL (Universo Online), 51, 74, 89
urnas eletrônicas, 37-8
Uttar Pradesh (estado indiano), 105, 157

Valente, Rubens, 89, 194
Valle, Ana Cristina, 89
Valor Econômico (jornal), 170, 172, 183, 202
Varella, Drauzio, 109
varíola, 233
Vatan (jornal turco), 204
Veiga, Gilberto, 84
Veja (revista), 111, 152, 183
Venezuela, 196, 203, 214, 216
verba publicitária, 169-71, 222
VerizonMedia, 231
Vietnã, 206
Vila Leopoldina (São Paulo), 52
Viomundo (blog), 113
Vitória (ES), 91
Vitorino, Marcelo, 44
Voight, Jon, 128
Volksempfänger ("rádio do povo"), 21-2
votação por correio (EUA), 242
Voz de Galicia, La (jornal), 62
VTV (Venezolana de Televisión), 217

Wajngarten, Fabio, 173-4
Wall Street (Nova York), 132
Wall Street Journal, 134, 246
Wallace, Chris, 191
Washington Post (jornal), 93, 182, 188, 190-1, 193, 225, 231, 236, 246
Washington, D.C., 124, 126, 132-5, 162, 177, 189, 198, 215
Waugh, Evelyn, 222

Wayback Machine (de arquivo da internet), 56
WhatsApp, 10, 13, 15, 17-8, 21-4, 27-8, 30, 32-4, 36-7, 40-4, 47-8, 51, 53-4, 59-61, 64-71, 73-4, 78-9, 81-2, 88, 92, 94-5, 104, 135, 146, 148, 152, 155-6, 158-60, 230-1, 242-3, 245, 249-50
Wire, The (site indiano), 222
Wuhan (China), 93

Xinjiang (China), 23

Yacows (agência de marketing), 43, 51-7, 73-4, 80
Youngstown (Ohio, EUA), 161
YouTube, 9, 28, 32-4, 76, 114, 130, 152, 155, 194, 242

Zaman (jornal turco), 205
Zambelli, Carla, 76
Zero Hora (jornal), 170
Zimbábue, 244
Zuckerberg, Mark, 240
Zuloaga, Guillermo, 218

SOBRE A AUTORA

Patrícia Campos Mello é formada em jornalismo pela Universidade de São Paulo e é mestre pelo programa Business & Economic Reporting da New York University. Há 25 anos cobre relações internacionais, direitos humanos e economia global. Foi correspondente em Washington do jornal O *Estado de S. Paulo* e atualmente é repórter especial e colunista da *Folha de S.Paulo*, além de comentarista da TV Cultura. Esteve várias vezes na Síria, no Iraque, no Afeganistão, na Turquia, na Líbia, no Líbano e no Quênia fazendo reportagens sobre os refugiados e a guerra. Cobriu a epidemia de ebola em Serra Leoa e de covid-19 no Brasil. Recebeu diversas honrarias, como o Prêmio de Cobertura Humanitária Internacional da Cruz Vermelha, em 2017, o Prêmio de Jornalismo Rei da Espanha, em 2018, o Prêmio Internacional de Liberdade de Imprensa, concedido em 2019 pelo Comitê para a Proteção dos Jornalistas (CPJ), o Prêmio Especial Vladimir Herzog, também em 2019, e o Prêmio Maria Moors Cabot em 2020. É autora de *Lua de mel em Kobane*, publicado pela Companhia das Letras em 2017.

1ª EDIÇÃO [2020] 5 reimpressões

ESTA OBRA FOI COMPOSTA PELA SPRESS EM ELECTRA E IMPRESSA
EM OFSETE PELA GRÁFICA BARTIRA SOBRE PAPEL PÓLEN BOLD
DA SUZANO S.A. PARA A EDITORA SCHWARCZ EM SETEMBRO DE 2023

A marca FSC® é a garantia de que a madeira utilizada na fabricação do papel deste livro provém de florestas que foram gerenciadas de maneira ambientalmente correta, socialmente justa e economicamente viável, além de outras fontes de origem controlada.